PHILOSOPHIE

DE LA

COUR D'ASSISES

PAR

M. EUGÈNE LAMBERT,

CONSEILLER A LA COUR IMPÉRIALE DE RENNES.

PARIS

HENRI PLON, LIBRAIRE-ÉDITEUR
RUE GARANCIÈRE, 8
—
1861

PHILOSOPHIE

DE

LA COUR D'ASSISES.

—++>0C<+—

PARIS. — TYPOGRAPHIE DE HENRI PLON,
IMPRIMEUR DE L'EMPEREUR,
8, RUE GARANCIÈRE.

—++>0C<+—

PHILOSOPHIE

DE LA

COUR D'ASSISES

PAR

M. EUGÈNE LAMBERT,

CONSEILLER A LA COUR IMPÉRIALE DE RENNES.

PARIS

HENRI PLON, LIBRAIRE-ÉDITEUR

RUE GARANCIÈRE, 8

1861

AVANT-PROPOS.

Un titre oblige dans l'ordre intellectuel comme dans l'ordre héraldique, et celui de *Philosophie de la Cour d'assises,* que nous avons définitivement choisi pour le livre que nous publions aujourd'hui, nous a longtemps arrêté, parce que nous en comprenons trop bien l'importance et la portée : — une grande réserve de prudence nous était imposée par sa signification même; aussi n'est-ce pas sans beaucoup d'hésitations que nous nous sommes décidé à l'accepter plutôt pour préciser le sujet de l'œuvre que pour en garantir l'exécution.

Le mot de Philosophie est bien grand, en

a

effet, quand on l'envisage sous tous ses aspects :
— c'est à lui que se rattache ce qu'il y a de
plus élevé, de plus général en toute chose,
dans le domaine des conceptions de l'esprit
comme dans celui des institutions sociales ;
et qui pourrait se flatter, et nous moins que
personne, d'atteindre à sa hauteur, d'en satisfaire les exigences, d'en remplir les conditions ?

C'est donc une indication plutôt qu'une
promesse qu'enferme notre titre ; la désigna-
tion d'une route à parcourir plutôt que la
réalisation d'un voyage accompli ; une révélation anticipée de la nature de ces études sur
la cour d'assises, plutôt qu'un engagement de
leur donner le développement complet dont
elles sont susceptibles.

Cependant nous avons pensé que tout, sur
ce sujet intéressant de notre organisation judiciaire, n'était pas enfermé dans les commen-
taires lumineux qui ont été faits du texte de
nos codes, et des arrêts de doctrine qui en ont
fixé le sens et indiqué l'esprit : — une expé-

rience acquise par trente ans d'examen des matières criminelles nous a permis de croire que, pour la parfaite intelligence des affaires soumises aux cours d'assises, il y avait encore un livre à faire à côté et comme complément nécessaire peut-être des théories du droit pénal proprement dit et des décisions doctrinales de la jurisprudence.

L'idée primordiale, la source féconde de la loi positive, ce sont les enseignements de la loi philosophique; mais c'est parce que celle-ci toute seule ne pouvait pas suffire à la conduite des hommes, au maintien des mœurs, à la stabilité des institutions, que toute législation pénale a trouvé sa raison d'être.

Toutes les défaillances de notre raison sont écrites dans les lois en règles obligatoires. — C'est l'aveu éclatant mais bien douloureux des infirmités de notre nature; et les différentes époques de l'humanité les ont successivement étalées comme des plaies vivantes, dans leur législation. — L'histoire du droit pénal n'est pas autre chose que l'histoire des passions du cœur humain.

C'est là sans aucun doute l'idée de Platon, qui, en créant son beau traité des Lois, croyait descendre des hauteurs sereines de la philosophie, faire une concession d'un esprit pur à des esprits troublés, et pensait satisfaire à des nécessités sociales et compatir à la faiblesse de notre nature, plutôt que rendre hommage aux facultés supérieures et à l'intelligence des législateurs et des juges.

De là l'obligation, pour toute science qui veut à la fois corriger nos erreurs et en prévenir le retour, de tenir compte de la loi qui ordonne le bien, en appliquant la loi qui défend et condamne le mal, et de donner à toute action coupable sa qualification morale en même temps que sa qualification légale ou juridique.

La cour d'assises aussi doit donc présenter, à côté des enseignements pratiques du droit criminel, une étude philosophique et morale qui va plus haut et plus loin que l'examen juridique des faits soumis à ses appréciations.

La science des lois serait bien souvent incomplète sans la science de la nature humaine; l'étude de l'homme est donc invinciblement attachée à l'étude des affaires graves au sein desquelles se révèlent sans cesse les phénomènes de la vie et son activité à tous les degrés de l'échelle sociale.

La psychologie qui sonde les replis du cœur humain, qui en découvre à nu les ressorts secrets, nous a paru indispensable à la législation qui punit les tristes passions qui s'y sont développées, lorsqu'elles ont éclaté au dehors par des actes coupables, devenus alors des crimes parfaitement définis.

Ces mouvements de l'âme sont aussi intéressants à étudier que leurs manifestations extérieures, qui ne sont après tout que des révélations d'un état moral caché à tous les yeux; et il y a nécessité de remonter toujours de ces manifestations écrites dans les actes aux phénomènes moraux qui les ont déterminées, et d'observer ainsi la série graduelle des sensations et des idées qui ne sont que les fils mystérieux de l'action, que les liens secrets de la passion au crime.

Ce qui s'est passé dans la conscience a autant d'importance que ce qui s'en est traduit au dehors.

Une étude morale doit donc compléter l'étude juridique des faits.

Telle est l'idée fondamentale de notre livre.

Nous n'avons pas entendu créer une sphère nouvelle d'observations, ni les appliquer sans discernement ni mesure à toute espèce d'affaires qui ne les comporteraient pas, ni découvrir un pays d'exploration inconnu des vrais magistrats et des esprits élevés qui apportent journellement dans l'examen des affaires autant de soin que de mesure et de sagacité. — Non, — nous avons voulu seulement fixer quelques éléments épars de la philosophie morale, pour leur donner la place qui leur

appartient dans la philosophie judiciaire, et
les rattacher l'une à l'autre pour donner plus
d'autorité aux solutions des affaires criminelles.
— Nous avons pris à tâche surtout d'en re-
commander l'importance, d'en développer les
avantages et d'agrandir par là les questions
qui naissent des travaux des cours d'assises.

N'eussions-nous pas réussi à remplir ce programme dans toute son étendue, nous aurons
du moins ouvert une voie dans laquelle d'autres seront peut-être plus heureux.

CHAPITRE PREMIER.

LES LOIS.

Deux sociétés fameuses ont illustré le monde ancien : la société grecque et la société romaine.

Que resterait-il de leur grandeur évanouie si nous n'avions pas d'elles les belles et grandes lois qui les ont protégées contre les vices même de leur organisation politique et religieuse, et civilisé quelques-uns des peuples qui se sont partagé leurs débris? — C'est que, bien mieux que les faits héroïques si souvent contestés de son histoire, les lois de l'antiquité attestent sa véritable gloire, de même que ses monuments à demi détruits par le temps, des statues de marbre éparses dans le monde, quelques poëmes lumineux d'une rare perfection de forme, attestent son génie.

La supériorité de la civilisation romaine,

1

ce sont ses lois civiles et les éminents jurisconsultes qui ont éclairé leur texte et développé leur esprit; — la supériorité de la civilisation grecque, ce sont ses lois criminelles
et la haute sagesse des philosophes qui les ont
inspirées.

Les lois, dit Montesquieu, sont les rapports
nécessaires qui dérivent de la nature des choses. — On a critiqué cette définition, trop métaphysique peut-être. — Il a voulu, sous une
même formule, embrasser les lois des choses
physiques, des phénomènes naturels, et celles
des choses morales et des hommes en société.

Il est bien évident qu'il avait en vue ce
parallélisme admirable des forces de la nature qui, pour être aveugles, ne pouvaient
pas être désordonnées, et de l'activité de
l'homme qui, pour être libre, ne pouvait pas
être arbitraire.

La généralité des termes aurait pu nuire à
la clarté de cette définition, si de judicieuses
explications, des exemples bien choisis ne
l'avaient mise en pleine lumière. — Dans la
force elliptique du mot, dans la concision

magistrale de la forme, il y a le sens profond, intuitif de ces règles souveraines que Dieu a données à la matière pour s'organiser, et à l'homme pour vivre de la vie de relation.

Dans la pensée de Montesquieu, les lois ne sont pas seulement des rapports, ce qui laisserait en effet sa définition incomplète, mais des rapports nécessaires; et ce mot, éclairant son idée, comprend tous les principes d'un ordre supérieur qui dominent ces rapports et les lient essentiellement à la cause qui les a ordonnés.

C'est ainsi qu'en élevant à la hauteur des principes les faits d'observation qu'on a appelés les lois de Kepler, le génie de Newton, par une généralisation suprême des rapports des astres, a trouvé les propriétés générales des corps célestes, c'est-à-dire les grandes lois de l'attraction et de la gravitation universelle.

C'est ainsi encore qu'en observant le rapport constant des dents incisives avec l'estomac court et concentré des carnivores; des pieds cornés, des dents meulières avec l'estomac double et volumineux des herbivores;

comme le rapport non moins admirable des organes de la respiration avec ceux de la circulation, le génie de Cuvier a trouvé les lois des corrélations organiques et de la subordination des parties extérieures aux parties centrales, c'est-à-dire les lois et les conditions d'existence de l'animalité tout entière.

L'observation avait découvert les effets, c'est-à-dire les rapports; — le génie a deviné les causes, c'est-à-dire les lois.

Si Dieu, en condensant tous les éléments moléculaires de la matière, lui a en même temps imposé des principes organiques essentiels à sa conservation, comment n'être pas convaincu qu'en donnant aux hommes un besoin de sociabilité et une nécessité de relations, il a dû en même temps aussi leur en révéler les conditions conservatrices? — Comment la même intelligence qui, en créant le libre arbitre ouvrait une si vaste carrière à notre activité, à notre volonté une si complète indépendance, ne nous aurait-elle pas donné la conscience du bien et du mal, c'est-à-dire une boussole pour nous conduire, une lumière pour nous éclairer?

Cette boussole, cette lumière, ce sont les lois morales, nées avec nous, mais en dehors de nous, comme liens de la double nature de l'homme, comme explication de l'élévation de son âme, des sentiments généreux de son cœur, et que Dieu a créés pour servir de types aux lois positives et écrites, et dont il ne nous est pas permis de nous écarter sans péril et sans perturbation.

Le monde n'a conscience ni de lui-même ni de ses mouvements dans l'espace, parce qu'il est aveugle et sourd; mais par cela seul que l'homme a l'intelligence de sa destinée, qu'il est doué d'une raison supérieure aux choses périssables, il doit comprendre qu'il ne peut pas plus créer les principes de la morale qui le guide que les fils mystérieux de son intelligence, que les lumières de sa raison.

C'est cette conviction d'une loi morale révélée et de principes d'éternelle équité, donnés comme l'entendement, et antérieurs à toute loi écrite, qui a fait dire à Platon : — *Le premier auteur de la loi, c'est Dieu!* — C'est une intuition, un reflet des éclairs du Sinaï, qui a illuminé dans ce mot sublime la plus grande intelligence philosophique de l'histoire de l'esprit humain.

Cette loi révélée le dit à la conscience; tout devoir est la condition d'un droit qui finit en chacun où commence celui d'autrui. — Il importe donc de fixer leur frontière respective, car les intérêts individuels viendraient sans cesse déplacer cette limite et déranger cet équilibre, si l'autorité écrite d'une règle supérieure, si une loi respectée ne traçait fermement le cercle hors duquel il ne peut être permis de se mouvoir sans crime.

Sans doute l'homme en souffrira dans son orgueil, en gémira dans sa passion, s'en révoltera dans son indépendance; mais il comprendra dans sa sagesse qu'il a besoin de se protéger lui-même contre l'orgueil, la passion et l'indépendance d'autrui.

La morale et la loi sont évidemment une seule et même chose : — Les moralistes de l'antiquité ont été ses premiers législateurs.

Les lois ne sont donc pas seulement des conventions que les hommes se sont faites pour régler leurs rapports, mais des formules générales qui reproduisent les lois morales et naturelles antérieures à toutes les conventions, et qui obligent la conscience tout aussi bien qu'elles commandent l'obéissance.

Les lois, comme l'autorité dont elles sont le symbole, dans la saine et large acception de ce grand mot de toutes les civilisations, comportent l'idée d'une raison générale formulée pour le maintien et la perfectibilité des sociétés humaines.

Tel est leur caractère : — maintenir les choses dans leur dépendance naturelle, quant aux biens possédés légitimement ; assurer parmi les hommes l'harmonie des rapports contre les désordres qui la troublent sans cesse, c'est là le but de toutes les philosophies comme de toutes les législations ; — mais cette pensée, qui est à l'état spéculatif dans les théories des livres, il fallait qu'elle devînt pratique et militante dans les lois, pour garantir le principe de protection que les hommes se doivent entre eux et la conservation des choses qu'ils ont créées, comme des institutions qu'ils se sont données.

La loi naturelle ne pouvait pas suffire. —
On devait craindre que celui qui avait souffert
d'une injustice dans ses biens, d'une violence
dans sa personne, en se faisant justice lui-
même, n'arrivât par la passion à outre-passer
son droit de représailles, à ce *summum jus*
qui n'est à son tour qu'une sorte d'injustice, en tout cas une cause grave de désordre
dans l'État.

Alors ceux qui ont le pouvoir de commander aux hommes leur doivent en protection ce que ceux-ci leur rendent en obéissance;
et ils ont pris, par leur mission de législateurs, l'engagement de réparer toutes les in-
justices, de rétablir tous les droits blessés, de
réprimer tous les désordres, et de punir les
faits plus graves, les violations plus profondes
du devoir qu'on appelle des crimes.

C'est à ce point de vue que la sécurité commune comprend la sécurité de chacun des citoyens, et qu'ainsi l'utilité particulière se confond, pour ne faire qu'une seule et même
chose, avec l'utilité publique.

— Telle est la loi.

— Eh bien, il faudra le dire souvent, et le

répéter dans toutes les occasions où il est donné aux magistrats de parler à la foule : — si l'on affaiblissait l'autorité de cette loi, qui est la sauvegarde de tous, la providence terrestre de la faiblesse, le frein de la force contre elle-même; — si l'on portait la main sur cet édifice pour le détruire ou l'ébranler; — si on parvenait à faire succéder le mépris ou l'indifférence au respect qui est dû aux lois, il n'y aurait plus pour les hommes en société de condition ni de garantie d'existence; — de même, si la terre, obéissant à la force de projection qui la pousse en avant, cessait un seul instant d'obéir à la grande loi de l'attraction solaire ou de la gravitation, elle irait se perdre sans lumière, sans chaleur et sans vie dans les profondeurs de l'espace.

CHAPITRE II.

LA JUSTICE.

Dieu nous garde de mettre sur la même
ligne les choses physiques et les choses morales; mais, dans leur domaine respectif, rien ne
marche isolé : — Les phénomènes révélés par
la philosophie des sciences s'enchaînent invinciblement aux causes finales, révélées par Dieu
et recueillies en dogmes ou formulées en préceptes par la philosophie religieuse. — C'est
ainsi que l'idée du beau s'attache à celle du
vrai, dont il n'est que la forme la plus éclatante,
par la même énergie de rapports qui lie l'idée
du bien aux principes moraux dont il n'est que
la manifestation.

Lorsque l'on réfléchit aux choses de la société
comme à celles de la nature, à la destinée de
l'homme comme à celle de la création, on sent
un lien étroit entre les éléments respectifs de

leur conservation, et la pensée d'un ordonnateur suprême.

Tout se lie, en effet, s'harmonise, se complète par l'équilibre des forces dans l'ordre de la matière organisée, par la domination des principes dans l'ordre des idées et des sentiments chez les individus, des institutions et des mœurs chez les peuples civilisés. — De même qu'on ne saurait concevoir l'univers sans le mouvement, la vie animale sans la lumière et la chaleur, il ne serait pas donné de comprendre le développement et le progrès des sociétés sans les vérités morales qui en éclairent le but, l'existence de l'homme sans son activité, la sécurité de sa vie de relation sans les règles souveraines qui en préviennent les déviations, sans les institutions publiques qui en punissent les écarts.

— C'est par cette force de déduction et de rapport que les lois qui fixent les principes ne peuvent se séparer de la justice qui en fait l'application.

Les mots Philosophie et Justice sont ainsi, dans leur alliance intime, dans leur pénétration

réciproque, deux choses corrélatives; les deux
moitiés complémentaires d'un même tout; la
double expression d'une pensée d'ordre et de
discipline; les deux côtés d'une même question
sociale.

Lorsque l'on comprend bien quel est leur
rôle respectif dans l'histoire de l'intelligence
comme dans la solution des affaires humaines,
on est mieux pénétré du sens profond de cette
belle maxime de Vauvenargues. — « *Il y a obli-*
» *gation de se soumettre à la justice pour se sous-*
» *traire à la force; justice ou force, il a fallu*
» *choisir entre ces deux maîtres; ceux qui crai-*
» *gnent les hommes aiment les lois.* »

Dans ces quelques mots de ce grand moraliste, il y a toute une philosophie judiciaire;
et c'est pour la justice un honneur insigne que
d'être ainsi proclamée la providence du faible
contre les violences du fort, et l'espoir des bons
contre les entreprises des méchants.

L'idée de philosophie comporte le dessein,
le besoin pour l'esprit d'élever les faits particuliers, les observations de détail, à la hauteur de
questions générales, pour les faire entrer dans

le domaine de la science. — L'idée de justice implique l'obligation de donner leur valeur morale, leur signification propre aux actions individuelles qu'elle est chargée d'examiner avant de leur appliquer équitablement les principes généraux formulés dans les lois.

Toutes deux, par des chemins différents, marchent au même résultat, l'amélioration des hommes, en redressant les erreurs de leur jugement ou les aberrations de leur volonté. — Elles doivent sortir de la lettre pour mieux aller à l'esprit, de la chose réelle pour mieux indiquer son sens intellectuel et moral.

La philosophie rattache des faits d'observation, dont elle étudie avec soin les rapports, à des doctrines certaines qui doivent les caractériser. — Elle généralise ces faits pour en faire des idées ; c'est ainsi que les actions d'un homme sage lui donnent l'idée abstraite de la sagesse qui contient désormais dans un seul mot tout un ordre moral ; — que la vue d'une chose belle et bien ordonnée lui suggère la pensée du beau absolu, qui devient dès lors, dans la nature et dans l'art, l'expression de

tout ce qui peut en même temps toucher l'âme
et élever l'esprit.

La justice, à son tour, applique aux faits
humains des principes venus de plus haut et
que les lois se sont appropriés. — C'est ce qui
communique à ses décisions une plus grande
influence morale, à ses appréciations un plus
grand caractère juridique.

L'esprit des lois, c'est leur philosophie, leur
côté élevé, leurs vues supérieures; — Montesquieu est autant un philosophe qu'un légiste;
— car la philosophie d'un homme, ce sont ses
opinions, ses réflexions en grand sur les choses;
— la philosophie d'une science, ses théories;
— la philosophie d'un peuple, ses croyances et
ses institutions.

Lorsque nous nommons la philosophie pour
l'associer à l'œuvre de la justice, nous n'entendons parler que de la philosophie morale qui
peut mettre en lumière toutes les vérités utiles
à la conduite des hommes. — Quant à la philosophie scolastique, qui n'est à proprement
parler qu'une méthode, nous n'avons à nous
occuper ici ni de ses hypothèses, ces échafau-

dages souvent brillants et toujours ingénieux, mais qui ne soutiennent aucun édifice; ni de ses systèmes, qui varient d'un siècle à l'autre, et, commençant avec un homme, finissent avec lui; ni de ses abstractions métaphysiques, science de mots et de subtilités, qui perd toute influence dès qu'elle ose franchir les bornes que Dieu a défendu à la raison humaine de pouvoir dépasser.

Il y a plus de philosophie dans une pauvre femme du peuple qui, manquant du nécessaire, passe, sinon sans trouble, du moins sans convoitise, devant de riches superfluités, et demande à la prière ce qui manque à ses espérances terrestres, que dans toutes ces spéculations métaphysiques qui veulent arracher à la création des secrets qui n'appartiennent qu'à Dieu. — L'Évangile est pour elle, sans le savoir, la première de toutes les philosophies; science humaine par excellence, sans thèses, sans formules, mais pleine d'enseignements pour régler nos sentiments et diriger nos actes.

La justice peut revendiquer pour elle-même le sens étymologique de la philosophie antique:

l'amour de la sagesse, et le sens plus pratique de la philosophie moderne : *la recherche de la vé-rité;* mais elle ne doit plus s'en séparer, et rester sur une base qui leur est commune : *la morale.* — Il ne peut y en avoir qu'une en effet, pour les sociétés comme pour les individus. — Partout et toujours, dans le monde comme à la Cour d'assises, dans les théories de la science, comme dans leur application juridique, la morale doit être la règle de nos devoirs envers Dieu, envers nous-mêmes et envers nos semblables.

Seulement, il est des infractions à la loi morale qui ne relèvent que de la conscience et de l'opinion; et nous n'avons à nous occuper, en parlant de la justice, que de celles qui tombent en même temps sous le coup de la loi positive.

En présence de cette loi, qui comprend dans les codes les droits et les devoirs des hommes qu'elle a entendu définir, la justice doit appliquer strictement ses dispositions à chacun et à tous; et c'est par là qu'elle devient la garantie des principes tutélaires contre l'action dissolvante des passions individuelles.

La loi n'est pas toujours bien comprise dans ses généralisations, tandis que l'application d'un texte net et précis à un fait bien caractérisé et évident pour tous les yeux avance plus l'éducation publique que toutes les théories. — La justice punit le crime qu'elle n'a pu empêcher : elle cherche alors le bien dans le mal même, le mieux dans l'imparfait; mais il faut qu'elle dise bien haut pourquoi elle punit par la bouche de ses magistrats, si on veut que ses décisions soient des leçons de morale qu'elle donne au pays.

La justice prend ainsi sous sa responsabilité et le respect des pouvoirs publics, et l'inviolabilité de la vie humaine, et la fortune et l'honneur des citoyens; — de même, en assurant l'état des personnes, la transmission légitime des héritages et l'exécution des engagements, elle tient à la fois dans sa main et pèse dans sa balance tous les éléments de vitalité et de conservation de la société civile.

Pour la philosophie de la justice criminelle, c'est-à-dire de la cour d'assises, c'est dans notre pensée l'explication morale des faits qu'elle est chargée d'examiner, de constater et

de punir; — c'est l'étude de l'homme au point
de vue juridique de la responsabilité des actions.

Quant à la justice, comprise d'une manière
plus générique, les apôtres l'ont illustrée d'un
seul mot en nommant Jésus-Christ : *un docteur
de justice.*

CHAPITRE III.

La mission de juger les actions des hommes et de leur appliquer les lois est l'un des plus hauts témoignages de confiance que l'on puisse recevoir; mais il n'en est pas de plus délicate, sinon de plus difficile, que la présidence des assises.

Aussi, il n'est guère de magistrat revêtu de cette fonction qui, en s'interrogeant dans son cœur, ne se sente un peu trembler lorsqu'il envisage dans leur ensemble les difficultés de cette tâche, les connaissances à la fois théoriques et pratiques qu'elle exige, les fatigues de corps et d'esprit qu'elle impose et la responsabilité qu'elle engage.

2.

La conscience autant que le devoir oblige à méditer longtemps en silence, à compléter la science des principes par l'observation des faits, et l'expérience des choses du monde par l'étude des passions qui, en exagérant les droits des hommes, affaiblissent d'autant leurs devoirs. — Le magistrat alors doit être doublé d'un moraliste, le jurisconsulte d'un philosophe, car il leur faut examiner la corrélation des lois et des mœurs, en se pénétrant à la fois de l'esprit pur qui animait pour le bien public les législateurs et les censeurs de Rome.

Il ne va pas être seulement, comme dans son cabinet d'étude, en présence des textes et des théories; — de son siége de président, ce sont les passions des hommes qu'il va voir agir devant lui; c'est le mobile secret de leur volonté qu'il lui faut rechercher dans leurs actes.

Alors, est-il bien sûr que le sentiment même le plus élevé du devoir le soutiendra toujours sans hésitation et sans faiblesse? — Le plus grave caractère et la plus religieuse attention suffiront-ils à sa sagacité pour être à la hauteur de toutes les questions légales ou psychologiques qui surgiront spontanément du débat? — Les défaillances de l'homme ne viendront-elles pas altérer quelquefois la sérénité du juge?

Il y a donc pour tout président obligation d'élever le niveau de ses idées, d'élargir le cercle de ses études habituelles et de préparer sa force morale par l'aspect d'un grand but à atteindre, d'un grand service à rendre, et de satisfaire à la fois la loi et la conscience.

Ces obligations sont communes au magistrat qui, non loin du président, siége à la cour d'assises sous le titre éminent de ministère public : — c'est l'avocat de la société; et si ce titre lui crée une sphère d'activité plus libre quant à l'expression de la pensée, son but est le même quant à la manifestation de la vérité. Chargé de l'initiative des poursuites, de la démonstration directe de la culpabilité, son rôle comporte naturellement une allure plus vive, un caractère de situation plus militant, car il doit formuler résolûment son opinion personnelle et indiquer énergiquement au jury la solution la meilleure. — C'est là une belle mission que de pouvoir se passionner pour ce qu'on a jugé être la vérité, que de mettre son intelligence au service de sa conviction !

— C'est pénétré de cette idée que, dans une conférence des avocats de Paris, le célèbre Billecocq a défini le ministère public : *un professeur journalier de doctrine, de morale et d'honnêteté publiques.* — Cette belle parole est toute une théorie, et il n'y a rien à y ajouter.

En face du ministère public est marquée la place du défenseur de l'accusé, son contradicteur légitime. — Une étude sur la cour d'assises ne serait pas complète si elle pouvait oublier l'ordre célèbre qui, par ses talents, par ses franchises, n'a pas moins illustré nos annales judiciaires que la magistrature elle-même.

L'ordre des avocats est contemporain de la justice régulièrement organisée; — c'est l'auxiliaire obligé de ses travaux, le préparateur éloquent de ses décisions; — la robe noire de Cochin n'a pas moins d'éclat aujourd'hui que la simarre de Daguesseau; et l'élégance attique de Patru, la vigueur éblouissante de Gerbier s'associent pour fonder la gloire de l'éloquence judiciaire en France à l'ardeur politique de Lachalotais comme à la gravité sereine et philosophique de Servan.

Dans la sphère criminelle, le ministère de l'avocat est une nécessité légale; et, soit qu'il ait été choisi librement par l'accusé, soit qu'il lui ait été désigné d'office par le président, il fait, comme les magistrats et les jurés, partie de la cour d'assises.

La loi n'a pas voulu que l'homme poursuivi pour un crime pût s'asseoir sur les bancs de l'accusation sans avoir près de lui un confident dévoué de ses secrets, un guide pour la route périlleuse où il est engagé, une parole plus libre pour expliquer sa conduite, une intelligence plus exercée pour étudier les faits au point de vue de la responsabilité légale qui y est attachée.

C'est à ce titre que l'avocat remplit une mission de garantie et même d'ordre public, et qu'il possède en lui aussi une sorte de magistrature, qui a ses prérogatives comme elle a ses obligations; c'est à les accorder entre elles qu'il doit mettre tous ses soins, pour entrer à son tour dans les conditions philosophiques d'une grande institution publique.

Un antagonisme de situation fait bien souvent, dans la pratique, deux adversaires du ministère public et du défenseur; mais de la discussion loyale des faits et des doctrines que le premier examine au point de vue de la société et de la sécurité générale, qu'il doit avant tout protéger, et le second au point de vue d'une individualité compromise et qu'il veut dégager, ne doit pas nécessairement résulter le conflit toujours regrettable des personnalités; car dans la lutte de ces deux grands intérêts, il y a toujours place pour la dignité de l'un et pour l'indépendance de l'autre.

Sur ce point, comme sur tous les autres, il faut tout ramener à la justice et au droit sainement interprétés; les mots indépendance et liberté ne doivent pas plus s'isoler sans contrôle dans la carrière d'un défenseur que dans la vie d'un citoyen fier de sa dignité, ni se dégager des obligations et des devoirs qui en sont les conditions professionnelles.

Ce n'est pas en vain qu'au début de tout procès criminel la loi oblige le président à rappeler au défenseur qu'*il ne peut rien dire contre sa conscience ni contre le respect dû aux*

lois, et qu'il doit s'exprimer avec décence et modé-
ration. — La loi, pour prévenir tout arbitraire
des hommes, a donc pris soin elle-même de
fixer la limite du droit par celle du devoir, et
de rappeler sans cesse, et surtout aux jeunes
avocats, les règles qui, avant d'être écrites,
avaient été établies par les nobles traditions de
leurs devanciers et de leurs modèles.

La liberté de la parole, comme la liberté
civile, ne pourrait être illimitée sans désordre
public, sans anarchie morale. — Les jeunes
avocats ont besoin d'être encouragés et sou-
tenus par la bienveillance des magistrats, qui
sont après tout leur seconde famille judiciaire,
mais en même temps prémunis par une voix
paternelle contre des ardeurs trop vives, qui,
pour être généreuses, n'en sont pas moins quelquefois imprudentes, et tiennent plutôt à l'in-
expérience un peu absolue de la jeunesse qu'à
un tort réfléchi du caractère.

Ils comprendront pour l'intérêt de leur avenir, comme pour le succès même de la défense
qui leur est confiée, que la modération n'exclut pas la fermeté, et que l'exagération ne

constitue pas plus l'énergie pour l'esprit que la
fièvre n'est une force pour le corps.

Le magistrat, qui a une mission d'ordre en
même temps que la conduite des débats, ac-
cordera beaucoup aux convictions ardentes,
quand elles seront sincères, mais il mettra tous
ses soins à rappeler au jeune barreau, avec
tous les ménagements que méritent son zèle
pour le malheur, son désintéressement pour
un accusé indigent, qu'il doit se garder de
prendre d'ingénieux sophismes pour des argu-
ments sérieux· la violence de la parole pour
l'énergie du langage; les atteintes à l'esprit de
la loi pour des priviléges de profession; et que
vouloir à tout prix demander à une cause ce
qu'elle ne peut comporter, c'est s'exposer,
même involontairement, à en altérer les éléments, à en dénaturer le caractère, à en
fausser les conditions.

Le président de la cour d'assises, plus spécialement voué aux détails, à la recherche laborieuse des preuves, quelles qu'elles soient,
doit les soumettre à l'épreuve d'un contrôle
et d'une contradiction; montrer une modéra-

tion ferme dans la direction des affaires; offrir une pondération grave des forces vives de l'accusation et de la défense; et, dans un résumé lucide, exact et mesuré, indiquer les points lumineux et présenter les éléments vrais de la solution dernière.

C'est lui, en effet, dont la vigilance est le plus constamment nécessaire à la clarté, à l'ordre des débats, et qui doit expliquer, avant d'en faire l'application, non comme une leçon abstraite et dogmatique, mais comme un enseignement pratique, le sens littéral de la loi, sa conformité intime avec le fait, surtout son sens philosophique et sa portée morale.

Gardien des principes certains, il doit veiller à l'observation des règles tutélaires et conservatrices de tous les droits. — Nous n'entendons pas parler ici des lois de la procédure criminelle proprement dite; des traités spéciaux ont bien mieux retracé ces règles que nous ne saurions le faire, et une jurisprudence bien comprise en a éclairé toutes les difficultés.—Nous ne nous occuperons qu'à titre de garantie, tout à l'heure, de ces formalités, toutes de pratique, et qui sont aujourd'hui en pleine lumière : — un peu d'attention, de mémoire ou d'habitude doit nous les assimiler, de telle sorte qu'elles nous laissent une liberté d'esprit entière pour tout ce qui est de l'essence même des débats.

Ce n'est pas seulement ce qui se fait en cour d'assises qui importe beaucoup, mais ce qui se dit par la bouche de ses magistrats; — c'est une raison supérieure aux faits qui doit éclairer les principes que le droit positif révèle à ceux qui interrogent son esprit; — c'est le courant d'idées qui remplit les débats, qui domine les formes judiciaires, et élève d'une puissance les conditions écrites de la loi pénale; — c'est l'application des notions de justice que renferme le sens de cette loi; — c'est la moralité générale qui se dégage de toute discussion publique pour porter au loin dans la foule un enseignement et un exemple.

Cela est bien de nature à effrayer tous ceux qui, pour atteindre ce but de tout procès criminel, se sont faits les organes de la loi et de la justice, ces deux choses les plus grandes parmi les hommes, parce qu'elles sont la plus haute expression de la vérité sociale d'une époque.

Un pareil sacerdoce doit élever le cœur, en même temps que l'intelligence, car, chacun dans la sphère d'activité qui lui est départie, les magistrats de la cour d'assises ont devant eux de multiples devoirs; — il leur faut, en donnant à chaque affaire, à chaque fait humain soumis à la décision du jury, sa physionomie vraie, concilier les devoirs de la justice avec les intérêts d'un malheureux qui défend son honneur et sa vie. — Pour dissiper à la lumière des principes les nuages dont s'enveloppe la passion, on doit mettre en évidence la corrélation de la loi positive et de la loi morale; — il faut embrasser d'un coup d'œil les détails infinis des affaires, pour les fondre dans un ensemble saisissant d'où sorte invinciblement la vérité; faire marcher toujours l'examen en avant de la certitude, et rechercher avec soin les relations de cause à effet que présentent les faits de l'accusation, ou, pour mieux dire, remonter, par un enchaînement de déductions logiques, de l'effet, qui est le crime, à la cause, qui est la passion.

Pour réaliser ce programme de tout vrai magistrat, la modération du caractère devrait être unie en lui à la vivacité de l'esprit, comme la faculté de synthèse qui généralise les faits au don de l'analyse qui sait les examiner à part, pour assigner à chacun son degré d'importance et sa place dans l'ensemble, pour suivre en toute chose la loi physiologique de la subordination des parties.

Ce qu'il faudrait encore, c'est la connaissance du cœur humain pour y démêler la passion du caractère ; la faiblesse qui n'a que mollement résisté, de la nature perverse qui a froidement médité et exécuté le crime. — Les facultés morales et intellectuelles doivent se trouver au niveau dans un même magistrat qui ne saurait trop se pénétrer de cette pensée que la science du droit ne peut suffire à sa tâche, si elle n'est soutenue par les fortes études d'une saine philosophie.

Quant au président des assises, dans sa mission d'ordre au milieu des écarts qui se produisent devant lui quelquefois, il ne doit jamais laisser attaquer la loi, ni en fausser le but, ni en dénaturer l'intention : — c'est là un dépôt qui est sous la sauvegarde de son autorité et qu'il doit rendre intact.

Directeur des débats, il doit l'être aussi du jury. — Des sessions périodiques, que dans le langage élevé des parlements on nommait *les grands* jours, réunissent la double action d'un pouvoir temporaire, le jury, et d'une institution permanente, la justice proprement dite. — Cette création du jury existait déjà dans les institutions de Moïse et à certaines époques de la législation grecque. — C'est assurément une belle et grande idée que celle de cette association successive de tous les citoyens d'un même pays, les plus éclairés et les plus fermes, à l'œuvre civilisatrice de ses lois, et au dévouement de ses magistrats, et pour la mission commune et solidaire de sauvegarder l'ordre dans l'État, la sécurité dans les individus.

Cette immixtion de l'homme privé, du simple citoyen dans les obligations du juge, doit avoir sur les mœurs publiques une autre influence que le résultat même du concours des jurés à l'administration de la justice : — c'est un caractère nouveau imprimé à leur person-

nalité, à leurs préoccupations habituelles, à la
direction ordinaire de leur esprit; — ils apportent bien souvent du dehors des idées incomplètes, des préjugés même sur les pouvoirs publics, sur l'action de la justice criminelle; mais
sous une bonne direction, dans ce sacerdoce
d'un jour, dans cette participation à une sorte
de culte public de la conscience et de la loi, ils
deviendront plus sévères pour le mal, plus
fermes pour le bien. — Il y a toujours nécessité
pour l'homme d'élever ses idées avec sa situation, d'agrandir la sphère de ses sentiments
avec celle de ses devoirs; et l'on sort plus fort
de cette épreuve quand on a concentré sur un
même point d'utilité publique toutes les lumières de sa raison, les facultés les meilleures
de sa nature.

C'est au président des assises qu'il importe
de les guider dans cette voie; et il doit les convaincre, par l'œuvre même qui les réunit, que
la justice criminelle n'a pas seulement pour but
de condamner, s'ils sont coupables, et de re-
trancher du monde les malheureux qui en ont
troublé l'ordre, mais de maintenir les lois
morales et d'assurer les grands principes sans

lesquels aucune société ne saurait vivre, et qui ne peuvent être sauvés que par l'accord ferme et constant de la magistrature et du jury.

L'homme gagnera certainement beaucoup dans toutes ces préparations aux devoirs du juge; car il devra assister, sans y participer, à l'agitation quelquefois très-vive des débats, à ces luttes d'intérêts ou de sentiments qui passionnent les arènes judiciaires; — et lorsqu'il sera donné au président d'avoir, par de patientes investigations, fait éclater l'innocence d'un accusé, ce bonheur, si rare dans l'histoire de la cour d'assises, il faut que ce jour lui compte comme l'un des plus beaux de sa carrière judiciaire.

D'un autre côté, le président, pour soutenir sa fermeté, aura besoin de se rappeler que la digue des principes ne peut s'abaisser devant le flot des passions qui monte, que les criminels s'enhardissent devant la mollesse de la répression, et que l'audace pour le mal doit s'attendre à trouver dans les magistrats une égale énergie pour le bien.

Pour garantir à tous son impartialité, le

président aura besoin aussi de veiller beaucoup sur lui-même, et de ne pas céder à ces mouvements d'indignation qui soulèvent le cœur de tout homme honnête à l'aspect du mal qui persiste et du cynisme qui s'obstine. — Il lui faut, à lui, le calme de l'esprit qui fait la lumière du juge, et cette modération qui est une force, ce recueillement de la conscience que d'Aguesseau appelle si heureusement le culte intérieur de l'esprit.

CHAPITRE IV.

LA COUR D'ASSISES.

LES GARANTIES.

Si les institutions, comme les sciences, ont en elles un élément supérieur qui les élève au-dessus de leur portée littérale, il leur faut souvent descendre de ces hauteurs, et compter avec les difficultés pratiques que des procédés spéciaux ou des formes consacrées peuvent seuls surmonter. — Telles sont les formalités du Code de procédure criminelle, par lesquelles il faut passer pour mettre en lumière les hautes théories philosophiques du Code pénal. — Ces formalités s'appellent des garanties pour la société comme pour les individus.

Bien que la justice criminelle ait, comme nous l'avons dit, le même but que la philosophie proprement dite quant à la proclamation des principes, ses moyens d'investigation diffèrent quant à la manifestation de la vérité.

Plus tard, sans doute, le juge tirera les mêmes observations que le philosophe des détails les plus minutieux en apparence comme des phénomènes les plus saisissants; mais il devra bien établir auparavant les faits dans leur réalité matérielle, et, plus sûrement encore, dans leur signification morale.

Au point de vue social, on doit tenir un compte sérieux du danger que telle ou telle nature de crime fait courir à la moralité générale ou à la sécurité individuelle, et l'apprécier plus sévèrement lorsqu'elle s'est développée outre mesure, ou lorsqu'elle a pris des proportions plus grandes. — Les magistrats et les jurés ne pourront pas cependant faire abstraction des circonstances particulières du crime qui leur est déféré, et rendre un accusé responsable, d'une manière absolue, de tous les faits analogues qui se sont produits avant lui. — Toute leur sagacité devra donc s'attacher à distinguer ce qui n'aurait qu'une cause purement accidentelle et sans racine bien profonde, de ce qui indiquerait un entraînement fatal des mœurs publiques ou une nature complétement corrompue.

La véritable philosophie judiciaire consiste à concilier ces deux graves intérêts.

Ce sera bien une autre difficulté quand il faudra prononcer sur un fait dont un accusé dénie absolument la réalité, ou dont il repousse la responsabilité intentionnelle; — car alors la société aura pris l'engagement de produire une preuve non équivoque contre celui qu'elle accuse d'avoir violé ses lois, et de faire pénétrer cette preuve dans la conscience de douze citoyens pris dans son sein, en présence du public, qui suit avec curiosité la lutte d'un intérêt individuel contre l'intérêt de tous.

La philosophie, qui ne juge que les choses, peut errer dans ses appréciations; — le système de demain remplacera celui d'aujourd'hui; — mais l'erreur de la justice, qui prononce sur la liberté ou la vie d'une personne, serait irréparable.

Lorsque entre l'organe de l'accusation et l'accusé, assisté d'un conseil intelligent et dévoué, la cour d'assises présente ses témoins et ses pièces à conviction comme éléments de charges ou de moyens de défense, ses douze jurés juges du fait, ses magistrats juges du droit, sa physionomie a quelque chose de grave qui saisit tout observateur attentif.

L'examen, ou plutôt l'expérimentation des faits, emprunte sa solennité à des formes que la sagesse de la loi a tracées pour garantir l'esprit des juges de toute précipitation. — Le caractère prudent et réfléchi des investigations doit aussi rassurer l'accusé et le garantir de toute émotion trop vive qui pourrait nuire à sa liberté d'esprit et paralyser sa défense.

Plus il faudra bientôt peut-être se montrer sévère dans l'application de la loi, plus il faut être à présent patient et scrupuleux dans la recherche, le classement méthodique et l'admission définitive des preuves qui doivent entraîner la conviction.

Deux intérêts sont en présence : une société

qui demande la réparation d'un crime, et un individu qui proteste de son innocence. — De ces deux intérêts, nul sans nécessité ne peut être sacrifié à l'autre; — c'est la vérité seule qui doit être la raison déterminante, et la sécurité publique ne doit pas plus fléchir devant des considérations de famille, de position sociale, de pitié personnelle, qu'elle ne peut imposer à la justice le sacrifice aveugle de l'individu à la société.

Le fatalisme antique, au temps du fanatisme sacerdotal de l'Orient, ou des superstitions de l'âge héroïque, exigeait impérieusement une victime expiatoire, autant pour détourner une calamité publique que pour purifier un temple ou effacer un crime : — c'était le dogme des sacrifices, et le sang innocent même montait mieux comme encens aux autels du paganisme; — mais si le caractère vraiment religieux manquait à un pareil culte, ce fut du moins plus tard la plus haute équité, la sagesse de l'Aréopage qui présida, dans l'intérêt des mœurs, au sacrifice nécessaire de l'homme vraiment coupable au bien de l'État.

Une remarquable pondération des devoirs
des juges et des droits des accusés devait donc
être écrite à toutes les pages de la loi.

Si le ministère public a l'initiative des poursuites et des démonstrations, l'accusé a toujours sur toutes choses la parole le dernier. —
C'est sa voix qui doit la dernière frapper
l'oreille du jury, non-seulement sur l'ensemble
de sa défense, mais encore sur chacun des éléments des débats.

Document oral ou renseignement écrit, il
n'en est pas un seul qu'il ne soit mis à même
d'expliquer ou de contrôler.

Des témoins choisis par l'accusation seront
produits contre lui : — on lui en signifie la
liste d'avance, pour qu'il puisse se préparer à
combattre leur témoignage ou en produire à
son tour.

Lorsque le moment est arrivé de recueillir
ces témoignages, ils sont tous précédés, pour
la double garantie des intérêts en présence,
d'un serment solennellement prêté par chaque
témoin : — de parler sans haine, c'est la garantie de l'accusé, — ou de parler sans crainte,

c'est la garantie de la société; — et la main du témoin se lève pour jurer de dire la vérité tout entière devant Celui qui a dit : *Tu ne mentiras point*, et qui est mort pour la vérité de sa doctrine et de ses commandements.

Douze jurés auront à prononcer sur le sort de l'accusé; — on lui en fait aussi à l'avance connaître officiellement les noms et la personnalité; — sur une liste annuelle, choisie avec tout le soin possible, un double tirage au sort assure d'abord le service de chaque session, puis la formation spéciale du jury de jugement. — L'esprit prévoyant du législateur ne pouvait pas laisser sans contrôle et sans garantie cette décision du hasard; — de là le droit de récusation, qui permet au ministère public et à l'accusé d'écarter, par un mot qui n'a rien de blessant, puisqu'il est l'exercice légal d'un droit, tous ceux qui leur paraîtraient manquer des conditions nécessaires de lumière ou d'impartialité. — Ainsi le préteur, à Rome, après avoir formé la liste des juges qui devaient fonctionner pendant sa magistrature, ne pouvait comprendre dans le nombre voulu pour chaque affaire que le nom de ceux qui avaient été agréés par les parties. — C'est là la tradition antique qui a passé dans notre loi.

Malheureusement, dans un intérêt purement individuel, on abuse chaque jour d'une pareille faculté et d'une trop grande latitude dans les récusations; et l'on applique souvent à la fermeté du caractère, aux lumières de l'intelligence et à la sévérité des mœurs, le droit qui n'était accordé que contre l'ignorance ou l'erreur, les préventions ou la faiblesse. — Ce qui était une garantie pour tous est devenu un péril pour la sincérité des décisions judiciaires.

Quoi qu'il en soit de cet abus, qui pourrait compromettre cette grande institution des jurés, ce n'est pas seulement devant les hommes, c'est aussi devant Dieu qu'ils vont sceller par un serment leur pacte avec la justice, comme si la loi voulait les préserver d'une erreur en élevant leur âme vers Celui qui ne se trompe jamais.

Dans la formule de ce serment, qui a toujours en vue une dualité d'intérêts, ils jurent de ne trahir ni ceux de l'accusé, ni ceux de la société qui l'accuse ; c'est-à-dire de peser du même poids les charges de l'un et les moyens de défense de l'autre ; — et comme si par là ce n'était pas assez incarner en eux le caractère indélébile du juge, la loi fait un appel à leur plus religieuse attention, et surtout à la conscience, où se forme la conviction, à l'impartialité de l'homme probe, à la fermeté de l'homme libre, c'est-à-dire aux sentiments les plus élevés de l'âme et de l'intelligence!

Ainsi, d'un côté, douze hommes de bien prennent Dieu et les hommes à témoin de la sincérité de leur décision ; — ils ne doivent avoir d'autre intérêt que de se mettre en règle avec eux-mêmes au point de vue de la responsabilité ; — s'ils se laissent quelquefois entraîner, c'est sur la pente de l'indulgence plutôt que vers les sommets de la sévérité ; et, dans ce dernier cas, s'ils sont affligés comme hommes, ils rentrent au moins dans leur famille et dans la société avec la tranquille satisfaction du devoir accompli.

De l'autre côté sont les magistrats de la cour d'assises, dont les sérieuses études et les

longs services déjà rendus sont un gage suffisant d'expérience et de sagacité. — Ils n'ont
aussi d'autre intérêt que celui de la loi, et
s'ils sont convaincus qu'une erreur judiciaire
vient d'échapper au jury, une majorité simple
suffit pour annuler sa décision et déclarer par
un arrêt que, tout en observant les formes, les
jurés se sont trompés au fond; — mais ce n'est
là qu'un privilége, une sorte d'inégalité dans
les garanties qui ne doit jamais profiter qu'à
l'accusé déclaré coupable.

Est-ce qu'il n'y a pas dans cet ensemble de
formes et de principes une garantie évidente
de la vérité cherchée, une règle de conduite,
une direction de conscience et la signification
philosophique de l'institution des cours d'assises et du jugement par jurés?

CHAPITRE V.

LA COUR D'ASSISES.

LES PREUVES.

Au nombre des garanties de la société comme
des accusés, après les formes sacramentelles,
nous avons dû placer la conviction des hommes appelés à juger; et comme la certitude
repose en définitive sur les preuves que l'accusation s'est engagée à produire, nous ne pour-
rons pas les négliger. — Cependant, pour éviter
la confusion, et pour ne pas détruire les proportions d'un tableau qui pour être fidèle
devait être complet, nous avons réservé à part,
pour les preuves, un chapitre rapide.

La conviction, en effet, qui ne serait pas
entière ne se nommerait pas la conviction; —
Ce ne sont donc pas de simples vraisemblances

qui suffiront à la preuve, mais leur enchaînement, leur parfaite concordance. — Ce ne sont
pas des lueurs éparses et douteuses, mais un
jour complet qu'il faut à la clarté des faits.

La vérité se dérobe souvent; on devra la
chercher par les voies les plus droites et les plus
courtes. — Pour qu'elle révèle sa force d'évidence, la puissance d'expension qui est en elle,
il faut la dégager des nuages dont l'enveloppent
sans cesse l'intérêt et la passion.

On trouve la vérité mêlée par un côté à des
faits douteux, à des paroles équivoques; mais
on la voit bientôt éclater à une clarté plus vive
des débats, à la pierre de touche de faits qui ne
peuvent être l'objet d'aucune contestation et
qui lui rendent par là son réel caractère. —
C'est dans le rapprochement, le contrôle de
ces paroles incomplètes et de ces faits certains,
qu'à défaut de preuves plus directes, on devra
chercher la vérité pour appliquer sûrement la
justice.

Si ces preuves sont difficiles, elles n'en devront pas moins être complètes. — Directes, ou
de visu, ce sont des documents irrécusables, des

faits matériels, des pièces à conviction ou des témoignages dignes de foi, qui pourront seuls les donner. — Si elles ne se présentent que d'une manière indirecte, de côté pour ainsi dire, il faudra que les preuves reposent sur des éléments particuliers, inhérents à telle ou telle nature de crime; et leurs conditions, pour n'être qu'inductives, n'en seront pas moins sûres. — Ce sont les preuves morales. — Ainsi, comme les idées et les raisonnements, les passions ont leur logique propre, leur liaison, leurs conséquences irrésistibles. — L'homme enchaîné par sa passion à la poursuite d'un but criminel est un et concordant avec lui-même, et alors tout ce qui sort de lui-même procédera d'une pensée dominante qui par là malgré lui se révèle.

Ces choses, systématiquement isolées, peuvent échapper à l'analyse; mais, réunies par la synthèse, leur ensemble pénètre la conscience et s'impose à la conviction. — C'est le triomphe de l'intelligence de l'homme sur la matérialité des faits; mais il faut qu'elle procède de cette droiture de cœur, de cette honnêteté de but, de cette fermeté de la conscience qui ne

veut pas à tout prix rencontrer un coupable,
mais qui ne veut pas non plus que personne
puisse échapper à la responsabilité d'un crime.
— A l'œil du témoin qui a vu les faits ou
qui rapporte les circonstances, il faut joindre
l'œil du moraliste qui connaît le cœur humain
et voit, lui, le mouvement intérieur qui les
a déterminés. — C'est la philosophie judiciaire
en exercice. — C'est alors la signification in-
tuitive de ces mots de l'article 342 : *Avez-vous
une conviction?* le véritable critérium de certitude, la lumière interne de la conscience qui
ne peut nous tromper. — Garantie par excellence, et qui domine toutes les autres, dont elle
n'est que le résumé dans un seul mot : *la Preuve.*
— Complète alors, la conviction est un sens
de l'âme qui fait partie de nous-mêmes, que nul
ne peut plus abdiquer sans fausser sa mission,
sans manquer au caractère dont il est revêtu,
et à la moralité, à la sûreté publique, que
comme juge il avait juré de protéger.

CHAPITRE VI.

LA CRIMINALITÉ.

Il y aurait à faire sur la criminalité seule un livre tout entier, une histoire bien curieuse, si elle relevait avec exactitude quelle est la nature dominante de tel ou tel crime aux différentes époques; mais dans les annales de la perversité humaine, c'est bien assez d'avoir à déchiffrer quelques pages, le plus habituellement ouvertes sous nos yeux. — Pour le but à la fois philosophique et pratique que nous poursuivons, nous ne voulons nous occuper que des crimes de droit commun, que des accusations ordinaires des cours d'assises.

Si on les résume en quelques traits, on trouve que dans la sécurité générale il existe un incessant danger pour les intérêts individuels, un péril de tous les jours, de toutes les heures pour l'existence, pour la propriété des citoyens, comme pour les mœurs des femmes et la pudeur des enfants.

La moyenne des crimes, calculée sur les dix années qui se sont écoulées de 1848 à 1858, après une progression incessante dans les années antérieures, donne les accusations suivantes :

 — Pour assassinat. 237
 — Pour meurtre 170
 — Pour infanticide 177
 — Pour empoisonnement. 54
 — Pour parricide. 17

C'est-à-dire 635 crimes de la plus haute gravité contre la vie des personnes;

 — Pour incendie 230
 — Pour vol qualifié. . . 2,438

C'est-à-dire 2,668 attentats à la propriété;

 — Pour viols et attentats à la
  pudeur sur des adultes . . 202
 — Pour viols et attentats à la
  pudeur sur des enfants. . 546

C'est-à-dire 748 attentats à la moralité des femmes et des enfants.

Voilà le bilan presque invariable de la criminalité à notre époque.

Un pareil contingent de crimes chez les uns, de malheur chez les autres, de principes violés et de souillures morales, et cela sous l'empire de lois fermes et prévoyantes, sous l'œil vigilant des magistrats, ne doit-il pas avertir l'opinion?

Il faut faire lire à tous les yeux, même les plus indifférents ou les moins clairvoyants, sous les chiffres froids des statistiques, que chaque année 546 jeunes enfants des deux sexes sont initiés aux plus honteuses pratiques de la débauche et de la corruption, et que 635 victimes sont dévouées aux coups des assassins, aux breuvages des empoisonneurs.

L'armée du mal, pour être disséminée sur toute la surface d'un grand pays, sans autres liens entre ses éléments que les passions mauvaises du cœur humain, n'en est pas moins une menace incessante pour chacun et pour tous : — en vain elle est décimée chaque jour, en détail, par les décisions des cours d'assises, ou dispersée dans les maisons centrales ou dans les colonies pénitentiaires, elle se retrouve toujours au complet et se reforme sans cesse, comme si une puissance malfaisante procédait à son recrutement annuel et lui fournissait des remplaçants, afin qu'elle puisse trouver son compte de victimes.

Cet ennemi multiple, quoique individuel, du repos des familles, de la sécurité des existences et de l'intégrité des fortunes, n'a point de drapeau déployé; il n'en est que plus dangereux lorsqu'il s'avance, en cachant ses pas dans l'ombre, vers le but de sa convoitise, pour s'en emparer; contre l'objet de son aversion, pour l'anéantir; et contre l'obstacle à la satisfaction de sa passion, pour le briser.

Par une solidarité du bien public et de la sécurité individuelle, toutes les forces vives du pays, tous les gens honnêtes, ne devraient-ils pas concourir, jurés et magistrats, sinon à détruire, du moins à diminuer chaque année cette série de malheurs, qui, pour être privés, n'en sont pas moins, en se répétant sur une si vaste échelle, une calamité publique en permanence?

Malheureusement, nul ne se croit engagé dans les liens d'une pareille responsabilité : — les gens du monde s'habituent à ne voir là qu'un chiffre annuel de statistique, qu'ils lisent dans un journal avec moins d'intérêt ou d'attention que ceux du cours des rentes ou des valeurs industrielles; et ils passent avec indifférence, oubliant, dans leur égoïsme, un si grand danger qui ne les menace que de loin.

Beaucoup sont gâtés de bonne heure par les émotions factices d'une littérature malsaine, par les tableaux d'un réalisme qui n'a de la vérité humaine que la plus grossière apparence; et, au lieu de ces impressions d'horreur qui saisissent tous les cœurs honnêtes à certains procès criminels, ils n'ont de curiosité que pour les attentats exceptionnels qui promettent des détails dangereux pour les mœurs, et ne sentent s'éveiller leur intérêt que pour les empoisonneuses célèbres et les infanticides en robe de soie.

La philosophie purement spéculative, qui vit trop séparée des choses de la vie commune et du monde des faits par ses abstractions et ses formules scientifiques, trouve bien à faire ici une étude psychologique sur l'âme humaine, sur le bien et le mal moral; mais cette étude n'aboutit guère qu'à des systèmes impuissants, qu'à des théories sans application.

Les moralistes solitaires voient bien dans les tableaux de la criminalité une atteinte aux principes de la sagesse et au bonheur des individus; mais leur plume stoïque tire seulement profit de leurs observations pour les formuler en maximes qui ne s'adressent en réalité qu'aux penseurs et aux sages.

Les orateurs sacrés, appelés à continuer l'œuvre des grands moralistes chrétiens qu'on nomme Massillon et Bourdaloue, ont une action plus efficacement vivante. — Du haut de la chaire de nos cathédrales, comme dans la sphère plus modeste des prédicateurs des campagnes, ils peuvent prévenir le mal en l'attaquant dans ses racines, et leur mission est belle de son utilité même. — Leur influence est grande encore sur les esprits flottants, qu'il faut rendre attentifs; sur les cœurs tourmentés, qui retrouveront peut-être là une sérénité perdue. — Leur parole y peut retenir bien des désirs qui vont devenir des passions, et des crimes peut-être, si on ne les étouffe pas dans leur germe. — Quels miracles de ce genre ne peut pas opérer l'autorité de la doctrine qui n'a pas seulement dit aux hommes : *Ne faites pas aux autres ce que vous ne voudriez pas qu'on vous fît*, maxime qu'on trouve dans Confucius comme dans l'Évangile; mais qui dit aussi, pour donner à ce sublime code de morale son cachet de perfection : *Faites aux autres ce que vous voudriez qu'on vous fît;* c'est-à-dire qu'à la préservation du mal elle ajoute la charité; et qu'avec la sagesse elle enseigne la vertu.

Plus près du mal encore veille la morale sociale mise en action, la philosophie pratique par excellence; nous voulons parler de l'œuvre combinée des législateurs et des juges, leurs interprètes quotidiens, et de l'ordre judiciaire à tous ses degrés. — C'est l'armée militante du bien public qui veut appliquer ses principes à des réalités humaines, ses enseignements à des faits dont l'évidence frappe nos yeux.

Eh bien, sachons trouver dans les tableaux de la criminalité que nous venons d'exposer une grande attention à nos devoirs, un sérieux motif à notre sévérité!

Si la justice, malgré sa vigilance, ne peut prévenir les crimes, qu'elle répare au moins,

dans la mesure du possible, en les punissant,
le mal qu'ils ont produit ! — Si la femme dont
parlait l'avocat général Servan répondait encore avec une naïveté qui semblait un reproche au magistrat qui lui demandait comment elle dormait pendant que chez elle on
commettait un crime : — *C'est que je croyais
que vous veilliez pour moi;* qu'aujourd'hui du
moins elle puisse dire en sortant de la cour
d'assises : — *Vous m'avez donné satisfaction et
réparé le mal que vous n'avez pu prévoir ni empêcher.*

Il faut le reconnaître pourtant, cette progression des crimes s'est arrêtée depuis l'année 1854, et il y a eu en même temps une sorte
de transformation dans la criminalité. — Ainsi,
en restant à peu près stationnaire contre les
personnes, elle a diminué d'une manière no-
table contre la propriété. — Par un résultat
contraire, les attentats à la pudeur ont diminué sur les adultes et augmenté sur les enfants
du premier âge dans une énorme proportion.
Faut-il voir dans ce double contraste une
évolution dans les mœurs générales? — L'in-

violabilité de la personne est-elle devenue moins grande que celle de la propriété, ou l'or du citoyen plus sacré que son sang? — D'un autre côté, la débauche est-elle devenue moins violente en s'étendant davantage, ou plus perverse en s'attachant à des sources plus pures pour les corrompre?

Nous croyons trouver ailleurs, et dans les solutions judiciaires elles-mêmes, l'explication de ces changements dans la criminalité. — Les jurés ont, en général, une grande sagacité pour saisir les détails des différents vols qui leur sont soumis et une juste sévérité pour les accusés reconnus coupables, tandis qu'ils ont presque toujours manqué de décision ou d'énergie pour les atteintes aux personnes, surtout quand il ne s'agit que de coups et blessures seulement. — En cette matière, les récriminations des accusés contre les plaignants trouvent un vaste champ pour se produire, et ont bien plus de chance de faire illusion et de donner à quelques torts des témoins, quelque insignifiants qu'ils soient, le caractère d'une provocation. — Et puis, il faut le dire, le vol est une menace, une atteinte pour tous ceux qui possèdent, tandis que les violences sont souvent personnelles et circonscrites dans une sphère sociale éloignée de celle où sont les juges du fait.

Quant aux attentats à la pudeur, nous n'hésitons pas non plus à attribuer leur recrudescence à la trop longue indulgence, osons le dire, à la scandaleuse impunité qui, pendant de longues années de faiblesse morale, a couvert l'un des crimes les plus graves commis contre l'état social et les mœurs publiques, puisqu'il corrompt dans sa fleur toute une génération.

Le jury, grâce au ciel, a compris enfin ses devoirs envers l'enfance et la première jeunesse, comme envers la famille, et il a entendu le cri d'alarme de tous les pères. — Depuis quelques années il unit sa fermeté à celle des magistrats; aussi ce mal odieux a-t-il une tendance marquée à s'amoindrir, à participer à la diminution générale des crimes, mais depuis 1858 seulement.

N'y a-t-il pas là toute une révélation, un salutaire enseignement, un éclatant exemple de cette vérité de philosophie judiciaire que, si les crimes se multiplient et s'enhardissent devant la mollesse de la répression, ils reculent et se troublent devant l'énergie des hommes de bien et la ferme application de la loi.

On ne peut se refuser à faire ce rapprochement, c'est que la recrudescence ou la période croissante des crimes qui s'est produite de 1834 à 1854 a été contemporaine d'une utopie sentimentale qui s'est appelée elle-même la philanthropie. — Elle poussait le gouvernement à bâtir de somptueux édifices pour les malfaiteurs, et passait sans s'arrêter devant les chaumières un peu oubliées des laboureurs honnêtes. — Sa fausse pitié veillait au pain blanc des coupables, sans songer au pain noir des orphelins et des victimes.

Une juste commisération pour le malheur, même mérité, n'excluait pas la prudence; et les soins et les secours, avant d'être généreux, devaient être intelligents. — Nous croyons la morale compromise lorsqu'on se préoccupe moins du bien que de son apparence, du but charitable que de l'effet à produire. — On eut l'air alors de présenter le bienfait comme une sorte de réparation d'une injustice commise; et tout est perdu si chez le condamné l'idée du bien-être l'emporte sur celle de la punition.

Il existait une cause incessante des plus grands crimes, et qui, en disparaissant depuis 1852, a amené déjà une remarquable diminution dans les récidives et l'allégement du poids le plus lourd qui pesait sur le rôle de chaque assise : — nous voulons parler des bagnes. — Chaque fois, en effet, qu'à des intervalles donnés on ouvrait les portes de ces repaires légaux, véritable lieu de dépôt de cette armée du mal dont nous parlions tout à l'heure, on aurait pu tirer le canon d'alarme, comme à l'évasion d'un forçat, pour avertir les citoyens qu'on venait de lâcher sur eux un homme qui ne pouvait plus vivre qu'à leurs dépens; — il sortait de cette haute école de corruption, de cet enseignement mutuel du vice, un malfaiteur plus mauvais qu'il n'y était entré; — en lui l'audace du voleur était doublée de la ruse du faussaire, et il n'hésitait plus à se débarrasser par un meurtre du témoin qui l'avait perdu la première fois.

Il y avait là une plaie sociale; — il fallait un coup d'œil profond pour la sonder, une main ferme pour lui trouver un remède, une grande énergie de volonté pour l'appliquer sans hésitation comme sans délai. — Le législateur de 1852, en rejetant au delà des mers ce hideux ulcère des bagnes, a rendu au pays un éminent service, par une de ces mesures de salut public qui caractérisent une époque et un règne.

La société française a subi une crise d'une autre nature : — c'est l'essai de l'abolition de la peine de mort, qui s'est produite de fait, sinon de droit, pendant plusieurs années.

Des esprits généreux, mais imprudents, qui se passionnent pour une idée, sans se préoccuper de tout ce qu'elle contient, de toutes les conséquences qu'elle entraîne, se mirent à prêcher, de toutes les voix de la publicité, une croisade contre ce qu'ils appelaient la barbarie de nos lois. — La Chambre des députés fut saisie de la question, et la tribune retentit des plus étranges doctrines. — On refusait à la société le droit de se défendre et de se débarrasser des scélérats qui étaient les ennemis les plus dangereux, les plus irréconciliables de la propriété comme de la vie des citoyens : — le sang d'un honnête homme n'était plus qu'un malheur individuel, mais le sang d'un criminel semblait une calamité publique. — Si le condamné était une victime, les magistrats et les jurés semblaient bien près d'être des assassins !

Le bon sens l'emporta sur ces utopies, mais le gouvernement les réalisa de fait : — pendant plusieurs années la peine capitale ne fut plus guère que nominale; cette épée de Damoclès n'effraya plus personne, et elle sembla rivée au plafond des cours d'assises.

Cette expérience coûta cher, et un bien grand nombre de personnes la payèrent de leur existence. — Comme la vie humaine n'était plus protégée par une effrayante pénalité, l'assassinat ne fut plus qu'un moyen de s'assurer l'impunité; — de 1832 à 1835, une série d'attentats sur les personnes, et

dont le vol était le seul mobile, ensanglanta
la capitale et vint éclairer l'opinion.

Qui ne se rappelle les révélations du procès
Lacenaire, cet assassin en gants jaunes, qui
créait pour le vol une sorte d'association en
participation où le sang des victimes n'entrait
que comme un élément secondaire d'exécution, que comme un moyen de salut?

Il lui fallait, pour ce qu'il appelait tranquillement une belle affaire, des associés sans
scrupules, et dont à la maison centrale de
Poissy il avait pu éprouver la perversité. —
Un homme qui avait peur de la peine de
mort, et que la faiblesse du gouvernement,
ou par suite la mansuétude du jury ne ras-
surait pas assez, refusa de commettre avec
lui un vol pour lequel il y avait deux personnes à tuer; mais cet homme lui en in-
diqua un autre qui lui avait dit la veille qu'il
tuerait quelqu'un pour vingt francs : — c'était
celui qu'il fallait à Lacenaire : c'était François Martin, le second de ses compagnons
de crime et d'échafaud.

Avril, qui était le premier, assassina avec
lui la veuve Chardon et son fils pour leur

voler cinq cents francs; puis ils s'en furent dîner joyeusement ensemble et rire *de tout leur cœur* — c'est l'expression d'Avril — à une farce des Variétés, après s'être lavés aux bains Chinois, pour n'y plus penser, du sang dont ils étaient couverts. — Ce ne sont pas de pareils hommes qui de l'œil visionnaire de la conscience eussent vu des taches de sang reparaître sur leurs mains : — la lime secrète du remords s'était usée dans la pratique des plus froides atrocités, commises à la fin sans remords et sans trouble, et ils étaient de ceux dont parle Montaigne : — *Tellement collés au crime et accoutumés au vice, qu'ils n'en sentent plus la laideur.*

Lacenaire était le type le mieux réussi de cette philosophie matérialiste qui ne voit rien au delà de cette vie, et qui, proclamant alors la souveraineté du but, trouve que les moyens sont également indifférents, et que le sang des hommes qui font obstacle à une passion n'a pas plus de valeur que l'eau du ruisseau qu'il faut traverser pour atteindre ce but. — Le bourreau, donc, à défaut du remords, ne pouvait pas éclairer sa conscience, et, comme à l'athée criminel dont parle Fontenelle, il ne devait lui prouver qu'une chose : c'est qu'il avait mal calculé !

Pendant que cela se passait à Paris, les cours d'assises des départements éclairaient aussi cette question d'un jour bien sinistre : — Un arrêt de la cour d'assises du Finistère, qui ne condamnait qu'aux travaux forcés un homme convaincu d'un triple crime capital, concourut, avec les bruits venus de Paris, à faire croire aux populations que la peine de mort avait été abolie. — Il y eut dans l'année même, sous l'influence de ce bruit propagé et malheureusement accrédité, une recrudescence extraordinaire de crimes de la plus haute gravité; et l'on entendit le nommé Guézou, qui avait assassiné une jeune fille de quatorze ans pour cacher un autre crime, s'écrier sur son banc, lorsque la peine de mort fut prononcée contre lui : — *Que font-ils donc, les juges, en me condamnant à une peine qui est abolie?*

Le jury, le gouvernement, le pays tout entier, condamnèrent à leur tour l'utopie; ils comprirent qu'il n'y a qu'une pénalité possible pour ceux dont le sens moral est complétement éteint, et que la seule crainte de la mort peut intimider ou arrêter encore. — Avec l'abolition de la peine capitale, le sang innocent serait le seul qui pût être versé; — le meurtrier seul posséderait désormais ce terrible droit de vie et de mort qu'on aurait si imprudemment refusé à la société pour sa défense : — on n'a pu laisser un pareil privilége aux assassins et aux empoisonneurs.

Ces observations sur la criminalité nous amènent naturellement à son complément indispensable, c'est-à-dire à la pénalité, qui demande cependant une étude particulière.

CHAPITRE VII.

La cour d'assises, cette juridiction souveraine chargée de constater d'abord et de punir ensuite toutes les infractions à la loi morale qui ont été déclarées crimes par la loi positive, est sans cesse en présence de ces deux choses corrélatives, un fait qui constitue un crime et une peine qui constitue une expiation.

Dans l'accomplissement de ce devoir rigoureux, il y a cependant un certain attrait, comme dans tout ce qui se rattache à la recherche de la vérité, quels que soient son objet ou son but, parce qu'une raison supérieure, nommée ailleurs la philosophie, nous fait trouver le sens des principes caché sous l'évidence des faits.

Lorsque de vives clartés ont jailli d'un débat criminel pour pénétrer dans la conscience du juge et la débarrasser de l'état douloureux qu'on appelle le doute, pour y substituer cette solution morale qu'on nomme la certitude, chacun sent que les débats, que l'exploration des faits n'ont été que des moyens pour arriver au résultat, au but véritable, c'est-à-dire à la pénalité!

La pénalité! — mot grand et triste à la fois, car il contient toute l'histoire judiciaire des passions humaines, car il rappelle la chute, la déchéance morale de l'homme, la dégénérescence de sa nature, la corruption de sa volonté.

A toutes les époques, le droit de punir a eu ses adversaires qui ont contesté sa légitimité; ce sont les enfants perdus de l'utopie, qui, en dehors de toute tradition, de toute voie sociale praticable, se sont égarés dans les abstractions d'une pensée orgueilleuse qui ne voit jamais qu'elle-même et ne veut pas s'abaisser aux choses de la terre, ni compter avec les désordres qui en troublent l'harmonie. — Elle se refuse encore à voir et la révolte de l'homme naturel contre l'homme social, et l'équilibre

rompu entre leur double nature, et la lutte
incessante des passions du corps contre les
instincts élevés de l'âme; — lutte qui effrayait
tant saint Paul aux prises avec l'impulsion
fatale qu'il sentait, disait-il, dans sa chair combattre la loi de son esprit.

Il n'y a pas aujourd'hui de discussion sérieuse avec ces esprits absolus. — Ils n'ont rien
voulu comprendre largement. — A l'origine
de tous les cultes, de toutes les mythologies,
de toutes les poésies même, l'idée philosophique de la faute n'a jamais été séparée de
celle du châtiment. — Quand le cycle hé-
braïque, à son début, avait déjà montré les
deux premiers coupables bannis du Paradis
terrestre, et subissant dans leur race l'éternel
supplice de leur faute, au seuil de la théogonie
païenne se dresse l'image effrayante de Pro-
méthée sur le Caucase.

Les éloges donnés à la vertu n'auraient plus
aucun sens si un parallélisme moral ne pré-
sentait la punition infligée au crime. — Pourquoi Platon appelle-t-il la peine *une suivante
du crime?* — C'est que pour lui la loi humaine
se rattache à la loi divine par le même nœud

qui lie là philosophie à la religion et le gouvernement de la Providence à la direction des
sociétés. — L'infraction aux lois morales devient en même temps une infraction aux lois
positives : le péché est déclaré un délit, et le
châtiment une pénalité définie.

— *C'est une loi divine*, dit à son tour Joseph
de Maistre, *que le supplice commence avec le
crime.*

Qu'est-ce en effet que la conscience, si ce
n'est pas un premier juge? — Qu'est-ce que le
remords, si ce n'est pas un premier châtiment?
— Qu'est-ce donc que cette voix de la nuit qui
glaçait un meurtrier en criant à son oreille :
Tu ne dormiras plus! — Qu'est-ce que cette
terreur qui entraînait Caïn loin du premier
sang qui ait abreuvé la terre, et qu'il traînait
partout avec lui, comme le péché de Juda
dont parle Jérémie, et qu'il portait gravé sur
la table de son cœur : *Super latitudinem cordis.*
— Est-ce qu'il n'y a pas là l'image multiple,
secrète, profonde comme le cœur humain, de
la justice et de la pénalité?

D'autres, tout en se rapprochant de la

vérité sur le droit de punir, s'en sont écartés par des distinctions subtiles et de singulières abstractions ; — tout en concédant sa légitimité, on a discuté son origine et son but ; la scolastique judiciaire a eu, comme la philosophie, ses rhéteurs et ses sophistes. — Dans l'histoire de l'esprit humain, c'est une page étrange qui fait un peu sourire aujourd'hui.

La doctrine matérialiste, qui se rapproche en cela beaucoup de l'école exclusivement utilitaire de Jérémie Bentham, et qui ne veut reconnaître de but final à l'homme que sa sociabilité terrestre, ne voit dans la peine que le sacrifice à faire d'un rouage dangereux, qu'un expédient d'utilité publique, dans lequel le danger social domine et absorbe la moralité du fait répréhensible.

L'idéalisme de Kant, au contraire, trouve ce droit dérivant de la justice absolue, et fait abstraction de toute utilité.

Une autre école n'y veut voir qu'un exemple, — une autre qu'une simple délégation du droit de vengeance que l'offensé a faite à la société : c'est celle de Mably.

Le système pénitentiaire ne voit, lui, dans

la pénalité que la poursuite de l'amendement du condamné; — un autre, que la guérison d'un malade : c'est celui du père Hilarion.

N'augmenterions-nous pas la confusion en continuant, sans nécessité, cette revue des opinions, surtout si nous analysons les théories de cette science de mots et de subtilités des écoles allemandes qui ne voit jamais que les idées, sans tenir compte des faits ?

Est-il besoin de dire qu'il y a un élément vrai dans la plupart de ces systèmes, mais qu'il semble faux et perd toute autorité par son isolement, comme la vérité elle-même quand on ne la présente que sous un faux jour, et par son côté le plus étroit et le moins saisissant ?

Pour ne pas comprendre dans un ensemble de motifs la plupart de tous ces éléments divers de la pénalité, il faut avoir oublié que ce sont des faits de conscience qui sont devenus des faits punissables, et que dans un crime les lois de la morale éternelle, garanties par Dieu, sont atteintes du même coup que les intérêts collectifs ou individuels garantis par la société. — Rivarol a commis cette erreur en disant : *Les lois criminelles sont cette partie de la morale écrite qui veille, par la crainte des châtiments, à la sûreté plus qu'à l'honnêté publique.* — Cette demi-vérité est en même temps une contradiction ; il n'est pas permis de séparer ainsi l'honnêteté de la sûreté publique.

Non, — il faut dire bien haut, à la cour d'assises surtout, que c'est là dédoubler à plaisir deux choses qui ne peuvent se séparer ; qu'on ne trouve pas seulement dans la pénalité l'empire de la nécessité, *cette violente maîtresse d'école,* suivant l'expression si énergique et si originale de Montaigne, et ce côté utilitaire qui profite aux intérêts des personnes, mais encore la réparation du mal moral, qui, par l'expiation d'un grand crime, doit profiter à la moralité publique.

Le législateur, avant de classer et de définir les faits qui constituent, suivant leur gravité intrinsèque ou leurs circonstances accessoires, un délit ou un crime, a présenté le tableau gradué des peines attachées à leurs catégories respectives : — N'était-ce pas dire aux malfaiteurs énergiquement : *Voilà ce dont vous êtes*

menacés, comme la voix du grand Condé criait
aux vices dorés de son époque en voyant appa-
raître Bourdaloue : *Voilà l'ennemi !*

On a dit et injustement répété que notre
Code pénal, dans ses classifications trop arbi-
traires, avait rangé les délits et les crimes sous
la doctrine utilitaire de Bentham, et faisait
abstraction de la loi philosophique par cela
seul qu'il ne les avait définis et distingués que
par leur pénalité respective.

Ce reproche de M. Rossi ne nous semble pas
fondé. — Ce n'est pas sonder à fond les choses
ni chercher le sens sous la lettre. — C'est abuser
des mots, de la forme extérieure de la loi. —
On a déjà fait observer avec raison que le Code,
en présence d'une difficulté de cette nature,
d'une impossibilité pratique, n'avait établi là
qu'une division d'ordre, une règle de compé-
tence, une méthode d'application.

Les théories abstraites, les généralités morales sont restées en dehors des formules et des
définitions. — Mais si la loi défend sous peine
d'un châtiment, au nom de la société et de la
sûreté publique, ce que la loi morale défend au
nom de la conscience de tous et des principes

éternels, qu'importe que ces principes ne soient
pas dans les mots, s'ils sont écrits dans les faits?

La loi philosophique, dans ses généralités, n'a
point proscrit tel ou tel délit spécifié, mais la
violation du devoir. — A chaque science sa part
et son langage; si la loi positive punit ce délit
qu'elle prend soin de définir, n'est-ce pas parce
que, *à priori*, la loi morale avait dit que la
violation de ce même devoir méritait une punition? — C'est donc séparer à plaisir l'esprit de
la lettre pour ne voir que la formule qui frappe
les yeux, et oublier le principe générateur dont
elle est la représentation pratique.

Dans ce merveilleux code de la conscience,
dans ce livre des Évangiles dont la perfection
même exclut l'idée d'une conception purement
humaine, Dieu a renouvelé sa loi du Décalogue, et lui a en définitive attaché pour sanction
une pénalité terrible, afin de l'appliquer dans
ce dernier jugement que Bossuet appelle si
simplement : *les grandes Assises*, comme pour
essayer de rapprocher cette juridiction surhu-
maine des juridictions terrestres. — Et il a dit:

— *Tu ne tueras point.*

— Tu ne déroberas point.

— Tu ne feras pas de faux témoignage.

C'est là la loi du péché, comme le Code pénal est le décalogue du crime; et il n'y a pas une seule infraction, frappée d'une peine criminelle par la loi des hommes, qui n'ait sa source et son exemple dans ce code éternel de la législation suprême.

Pour reconnaître le caractère d'un principe qui, comme le dit si bien M. Cousin, est la raison d'un fait, pour trouver une haute portée philosophique dans l'application d'une pénalité à un acte classé parmi les crimes, qui ne comprendra que sous le châtiment du coupable il y a la sauvegarde de l'homme juste, en même temps que sa satisfaction morale? — La menace pour les méchants est une protection pour les bons. — La disposition qui punit le vol est une garantie du droit de propriété; et sous la peine de mort qui atteint le parricide, l'assassin et l'empoisonneur, il y a le principe même de l'inviolabilité de la vie.

Après avoir mis l'exemple et l'intimidation au premier rang dans la pénalité, c'est là ce qu'il faut dire et faire comprendre à tous ; ce qui doit circuler comme un courant philosophique sur tout débat public de la cour d'assises. — Il faut que la foule, le plus souvent ignorante, qui envahit ses audiences, comme le public plus instruit qui en suit le compte rendu dans les feuilles quotidiennes, apprennent par toutes les voix qui s'y font écouter cette grande leçon sociale : — Ce ne sont pas des hommes qui en frappent un autre ; c'est un châtiment qui atteint une faute. — Ce n'est pas seulement une peine corporelle et individuelle qui frappe un crime particulier ; c'est la solennelle réparation d'une profonde violation des lois morales et positives de la société.

CHAPITRE VIII.

LES CIRCONSTANCES ATTÉNUANTES.

Corriger les mœurs par les lois, et réciproquement les lois par les mœurs, tel est le problème renaissant des sociétés, et la civilisation est le résultat de leur respective influence.

Dans la loi des Douze Tables, comme dans le Code de 1791, la lettre l'emportait sur l'esprit : — des catégories pénales absolues, sans tempérament ni mesure, ne laissaient aucune latitude à la conscience du juge ; — leur inflexible niveau pesait sur le repentir du même poids que sur la perversité ; — alors la justice oscillait sans cesse entre ces deux extrêmes : des pénalités exorbitantes ou de scandaleuses impunités.

Le Code de 1810, en admettant les excuses légales nettement définies et la latitude du maximum et du minimum, n'avait fait qu'un

essai timide, de peur de désarmer la société.
— Le législateur de 1832, pour satisfaire la
liberté des jurés, enfermés jusque-là dans le
cercle souvent trop étroit d'une même nature
de peine, se décida à étendre aux matières criminelles le principe des circonstances atténuantes, qui déjà se trouvait dans la juridiction
correctionnelle. — On salua généralement,
dans cette innovation, l'élément chrétien, spiritualiste, qui manquait aux législations antérieures ; — un jour plus lumineux se fit dans
le monde judiciaire ; et les jurés, trouvant leur
intelligence plus libre, leur conscience plus à
l'aise, se sentirent soulagés de cette alternative,
également douloureuse, du parjure ou de la
cruauté.

Il ne faut pas demander à la loi pénale une
perfection qui toujours manquera par un côté
à tout ce qui est de création humaine. —
L'absolu n'est pas de ce monde, et il n'y a que
les grandes lois physiques de la création divine,
comme ses lois morales, qui aient le caractère
de l'infaillibilité.

Il ne faut pas non plus abandonner une tâche

commencée parce qu'elle n'a pas donné de suite tous les résultats promis, ni se décourager dans la voie du bien parce qu'il s'y est rencontré des obstacles, ni cesser de marcher vers la perfection, cet idéal toujours désiré, jamais atteint peut-être, mais qui n'en doit pas moins rester notre but à tous, dans le domaine du possible.

L'expérience, on l'a dit, est l'épreuve des systèmes, la pierre de touche des théories comme des institutions. — Celle de l'introduction des circonstances atténuantes dans les faits soumis à la décision du jury se fait depuis vingt-huit années. — Elle a eu ses bons et ses mauvais jours; bien souvent les hommes sages et les vrais magistrats ont pu craindre que, dans la voie devenue banale d'une modération systématique, la répression des crimes ne se fût affaiblie, et que le principe équitable en soi des circonstances atténuantes ne se fût obscurci dans l'abus qui en a été fait, à certaines époques de relâchement des mœurs et des caractères, et qu'on ait eu à dire avec Massillon : *« Les mœurs souffrent de la faiblesse des lois et » de la justice. »*

Faut-il se laisser entraîner par cette impression? — Le chiffre des statistiques a son côté trompeur; il classe les affaires par catégories, mais n'en distingue aucune par ses éléments moraux, ni par les phénomènes psychologiques qu'elles présentent à l'observation. — Il y a sur ce banc des assises un homme accusé d'un fait; ce fait, on doit d'abord le constater; mais il y a en même temps une étude à faire sur ce qui s'est passé dans l'âme de cet homme, sur une conscience où se sont balancées les questions du bien et du mal, du mérite ou du démérite des actions, dont la distinction est le fondement même de la morale.

Nous sommes en présence de cette difficulté, aussi grande pour la justice que pour la philosophie, de mesurer une faute au poids d'un châtiment, d'établir entre eux un équilibre, une juste proportion, afin d'entrer dans les vues du législateur moderne qui a voulu combiner la peine avec le degré de perversité du coupable, tout en tenant un compte sérieux du danger que cette faute et cette perversité ont fait courir à la société ou aux individus.

Pour nous guider en cette matière, nous devons éclairer les faits punissables par les faits de conscience, et comparer l'intensité de la peine avec l'intensité du crime, afin d'éviter cette choquante anomalie d'une faute légère en soi et d'un châtiment exorbitant, qui jette le trouble dans l'esprit du juge, et celle plus grave encore d'une punition dérisoire et d'une action atroce, qui met la perversion dans la conscience publique.

La loi, dans la généralité de ses termes, dans la nécessité de ses classifications, est bien obligée de poser son niveau sur une même nature de faits; mais lorsque l'homme qui les a commis dans la plénitude de sa volonté comparaît pour en expliquer les circonstances, on trouve bien souvent que leur vérité morale échappe par un côté à leur catégorie pénale, que leurs caractères légaux y sont bien évidents, mais que leur caractère moral ne s'y rencontre pas au même degré. — A quelle profondeur le mal a-t-il pénétré dans cette âme? — En a-t-il seulement effleuré la surface, entamé en partie sa substance, ou l'a-t-il envahie tout entière ? — Pour ces trois conditions de faits qui n'ont qu'une similitude extérieure, est-il possible qu'il n'y ait qu'une seule et même pénalité ?

Voilà, par exemple, trois jeunes gens de la campagne qui, à la suite d'une fête, ont forcé la porte d'un cellier pour y voler quelques cruches de vin qu'ils ont emportées ; les punira-t-on de la même peine des travaux forcés que ce malfaiteur de profession qui a pénétré la nuit dans la demeure d'un laboureur, en brisant sa porte, pour lui ravir en un instant le produit de son travail de toute une année ?

La peine de mort est - elle réservée à une jeune fille victime d'une séduction, et qui a étouffé son enfant, comme à la femme déhontée qui a froidement médité et exécuté le meurtre d'un enfant afin de continuer ses désordres avec plus de liberté ?

En sera-t-il encore de même d'un homme exaspéré par de longues offenses, qui a tué le suborneur de sa fille, et du lâche assassin dont une passion cupide a dirigé la main ?

Ces trois situations sont d'une même dénomination juridique, mais il y a plus pour la première que l'épaisseur du minimum au maximum des travaux forcés, et il n'est pas possible d'appliquer aux deux autres une même nature de peine.

Sans doute ces cas sont extrêmes quand ils sont ainsi rapprochés; mais ils sont pris par nous dans la pratique des affaires, et viennent souvent offrir ces contrastes moraux, ces anomalies répressives.

Les cas les plus ordinaires sont aussi plus variés et remplis de nuances de toute sorte. — La vérité des faits ne peut être exclusivement matérielle; — ils sont d'une grande diversité de nature, de portée, de résultat; il faut pouvoir les apprécier soit comme faute, soit comme source de préjudice, soit comme danger public; et si on leur appliquait un texte inflexible, ce serait abandonner l'idée philosophique que le châtiment doit satisfaire à la fois le besoin de l'équité et celui de la raison publique.

Le moindre fait criminel est compliqué de tant d'autres qui le modifient, qu'on ne saurait apporter trop de sagacité pour pénétrer ses causes en les rapprochant de ses effets, son mobile secret en le rapprochant de son but ostensible.

Il faut bien tenir compte du milieu où cette action s'est produite, des moyens de perpétration, du caractère de l'agent, de son âge, de son éducation, de la passion qui a commandé, de la faiblesse qui a obéi sans résistance, enfin de tout ce cortége de circonstances accessoires sans lesquelles l'acte principal n'existerait peut-être pas, et qui sont groupées autour de lui pour lui donner son véritable caractère.

La modification dans le fait doit donc entraîner une modification dans la peine : — s'il y a des circonstances aggravantes pour faire un crime de ce qui sans elles n'aurait été qu'un simple délit, il doit y avoir logiquement des circonstances atténuantes pour ramener le crime aux proportions d'un délit.

Deux pays bien éloignés l'un de l'autre se sont rapprochés par une pensée commune : — la législation brésilienne s'est rencontrée avec la législation napolitaine pour devancer la nôtre sur l'application au grand criminel du bénéfice des circonstances atténuantes. — Il y a une sorte de balancement, de pondération entre les circonstances aggravantes et les circonstances atténuantes qui entourent un même fait.— A Naples même, on ne tient compte des unes que si les autres manquent absolument; — au Brésil, il y a trois degrés dans la pénalité : le plus élevé s'applique à la prédominance des premières, le plus faible à la prédominance des secondes, et le degré moyen à leur parfait équilibre. — Cette combinaison est aussi équitable qu'elle est ingénieuse, mais elle n'est applicable qu'autant que le juge du fait est en même temps juge du droit; et nous ne la citons que parce que nous y retrouvons le sens, le but et la portée philosophique de notre loi de 1832.

Ce serait un malheur si cette innovation, en ouvrant une plus large voie à l'indépendance du juge, y avait laissé pénétrer un élément dissolvant pour la justice, et si la concession qu'on croyait faire à la modération n'avait profité qu'à la faiblesse et amené cette mollesse de répression qui encourage le crime et affaiblit l'empire de la législation criminelle.

De la moitié aux deux tiers environ, les

accusés reconnus coupables obtiennent en moyenne le bénéfice des circonstances atténuantes; — c'est là un fait statistique; mais il faut peser ces chiffres plutôt que les compter; lorsque l'assimilation des faits qu'ils représentent semble d'ailleurs impossible.

Si cette mesure s'égare quelquefois sur les auteurs de crimes révoltants, à la grande surprise de la foule et des gens honnêtes, il faut bien dire aussi que, parmi les accusations du rôle de chaque assise, il en est un tiers, sinon la moitié, d'une assez minime importance, d'un intérêt presque nul, qui n'ont entraîné qu'un faible préjudice et n'ont fait courir à la moralité générale qu'un danger public très-secondaire. — Beaucoup de présidents d'assises ont dû signaler sur ce point à S. Exc. M. le garde des sceaux les doléances du jury, sa fatigue, sa répugnance à déclarer crimes des faits sans gravité qu'une loi de déclassement, qui a ses difficultés sans doute, mais non ses impossibilités, devrait renvoyer à la juridiction correctionnelle, qui suffirait en effet à leur juste répression.

Le ministère public, partout si vigilant, si

éclairé sur ses devoirs, comme sur les grands intérêts qui lui sont confiés, le comprend comme nous ; car pour le plus grand nombre des affaires dans lesquelles les jurés ont admis des circonstances atténuantes, il les avait lui-même loyalement provoquées. — Si d'un côté aussi les condamnations ont été moins sévères, de l'autre elles ont été plus fréquentes. — Il faut sur cette question mettre en ligne de compte les acquittements scandaleux, qui sont devenus beaucoup plus rares. — En somme, si la pénalité paraît s'être affaiblie en profondeur, elle a gagné en étendue, et reconquis le terrain judiciaire qu'avait usurpé l'impunité.

Mais, a-t-on dit récemment, si le législateur de 1832 dans sa trop grande mansuétude, à fait sortir l'omnipotence par la porte du fait principal, il l'a fait rentrer à la cour d'assises par la voie des circonstances atténuantes ; et cette fausse et dangereuse souveraineté n'a fait que changer de terrain.

Il y a dans ce reproche une confusion de deux choses entre lesquelles il y a un abîme, la négation d'un fait dont on a cependant la certitude en soi, et l'appréciation morale du même fait déclaré constant, mais dont la gravité plus ou moins grande donne lieu à une peine plus ou moins forte. — En réalité, comme en métaphysique, il y a plus loin de rien à la plus petite chose, que de la plus petite à la plus grande.

Le débat porte autant sur l'intensité de l'action que sur l'action elle-même; et il n'est pas une seule affaire dans laquelle l'organe de l'accusation n'entretienne le jury de cette mesure, non pas de grâce qui n'appartient qu'au souverain, mais d'atténuation, pour l'accorder au repentir sincère, ou la refuser à l'arrogance ou à la perversité. — Ce n'est pas la pénalité elle-même que l'on discute ainsi, — non ! — mais les circonstances du fait, leurs ramifications, leur physionomie propre, leur signification morale, et qui doivent aussi servir de base à l'application de la loi.

Sans doute cette application même fera regretter quelquefois que l'on n'ait pas été plus sévère; mais elle ne produira pas du moins le spectacle scandaleux d'un homme coupable aux yeux de tous qui rentre la tête haute dans la société qu'il a troublée, dans la famille qu'il a déshonorée par un crime.

Il n'est cependant pas impossible que l'idée d'une pénalité excessive, et qui lui semble hors de proportion avec le fait, se mêle quelquefois à l'examen du jury, et cela même instinctivement, par une sorte de mystérieuse intuition dont ni l'ordre public ni la conscience n'ont à souffrir; mais il n'y a point là de caractère omnipotent ni de violation ouverte du texte de cette admirable instruction de l'article 342, qui n'a d'égale dans nos Codes, en élévation morale et en énergie philosophique, que la formule même du serment du jury.

Ce serait donc pour quelques décisions regrettables qui deviendront, il faut l'espérer, de plus en plus rares, qu'on retirerait aux jurés cette attribution des circonstances atténuantes pour la donner aux magistrats de la cour d'assises. — Nous ne pensons pas que cela suffise pour briser le principe de la division du travail et de la séparation des pouvoirs qui a dévolu au jury l'appréciation en tière des questions de fait, en réservant à la cour toutes les questions de droit et l'application de la loi.

Les jurés sont juges d'un jour : — hommes du monde hier, ils y rentreront demain; — ils apportent du dehors des idées, des habitudes qui n'ont rien de judiciaire; une trop grande mobilité d'impressions, et par cela même une inégale fermeté. Mais si l'on sait leur faire un nécessaire appel, on trouve chez eux tout le bon sens et l'honnêteté désirables pour corriger leur sensibilité, quand ils sont en présence de faits déplorables, de désordres graves qui avant d'émouvoir les débats avaient ému la société.

La lettre de la loi, trop inflexible en certains cas donnés, avait créé entre le jury et la magistrature un antagonisme fâcheux, lorsque leur accord ferme et constant était si nécessaire au bien général du pays.

Qui de nous n'a pas vu souvent dans l'attitude des jurés des combats affligeants se livrer en eux entre leur sensibilité d'hommes et leur conscience de juges? — Qui n'a été témoin de leur anxiété, de leur préoccupation douloureuse en présence d'un accusé coupable, mais auquel, par un côté, s'attachait encore quelque intérêt, et qu'il fallait renvoyer impuni ou frapper impitoyablement? — Eh bien, avec la latitude des circonstances atténuantes, ils retrouvent leur sérénité, leur liberté d'esprit, toute leur fermeté même. — Il faut une main ferme et sûre pour frapper juste tout aussi bien que pour frapper fort.

Nous pensons donc qu'il est bon de ménager ainsi la susceptibilité du jury, et que la sévérité n'exclut pas la prudence; — qu'on parle à son intelligence; qu'on le mette sans cesse sur le terrain des honnêtes gens, sur celui des devoirs et de la moralité comme de la sécurité publique, — il entendra ce langage, — il comprendra que, lorsque l'on fait ainsi la part si large à sa modération, il ne peut refuser son inflexible justice; — et comme il aime à voir les magistrats s'unir à son indulgence, il ne refusera plus de s'associer à leur sévérité.

CHAPITRE IX.

HOMO DUPLEX.

Dans toutes les affaires soumises au jury, le mot coupable doit caractériser le fait matériel que contient chaque question principale.

— Pourquoi?

— Un peu de métaphysique est ici nécessaire; nous n'en abuserons pas.

L'homme est un être sensible et intelligent à la fois; sous le mouvement organique du corps qui produit un acte, agissent les phénomènes moraux d'une âme qui a conscience d'elle-même.

Le lien de ces deux natures, le secret de leur intimité, de leur pénétration réciproque, échappe à notre intelligence; mais de cette complexité même, de cette dualité merveilleuse sort une unité ontologique remplie de mystère dans ses causes, mais pleine de lumière dans ses manifestations.

Tout homme est donc soumis pour les déterminations de sa volonté, c'est-à-dire pour les actions dont il est appelé à répondre devant ses juges, à cette double influence de la nature sensible et de la nature morale. — Si leur concours doit être invinciblement écrit dans chaque manifestation libre de son activité, leur équilibre est, pour nous servir du langage de Leibniz, une harmonie préétablie, nécessaire à l'ordre général comme à notre bonheur particulier. — Au contraire, il n'y aurait que trouble et malheur pour tous si, contrairement aux vues de la Providence dans l'antagonisme de l'âme et du corps, ces frères ennemis, suivant l'expression d'un ingénieux esprit, l'élément prédominant de notre nature éternelle devait céder l'empire à celui de notre nature périssable.

Qu'une machine imprime son mouvement à la matière, elle n'a nulle conscience du ressort secret, du moteur puissant qui détermine son action; mais l'homme, machine intelligente

par les lois même de sa complexité, ordonne
et obéit à la fois, agent du mouvement et
maître de son impulsion.

De là, pour constituer un crime, c'est-à-dire
la violation d'un devoir à laquelle la morale
et la loi attachent ce caractère, il faudra rencontrer cet agent matériel qui non-seulement
a agi contre une personne ou une chose, mais
qui s'est mis pour agir au service d'une idée,
d'une volonté, d'un fait de conscience, d'une
intention qui donne à l'action accomplie son
cachet criminel, sa marque de fabrique.

La difficulté sera bien souvent de trouver le
lien de l'acte extérieur, qui n'est qu'un effet,
au mouvement intérieur, qui est réellement la
cause; — alors il faudra marcher du connu à
l'inconnu, sous la lumière des principes, dans
les ténèbres d'une conscience qui se voile, afin
d'y découvrir l'idée, le désir, l'impulsion sen-
soriale qui a dicté sa loi à la volonté et déterminé le crime.

Depuis des siècles, la philosophie spéculative flotte de système en système sur l'origine
des idées comme sur l'origine de la matière,

sur l'entendement humain comme sur la limite du fini et de l'infini, sur la fusion en un seul être et l'influence réciproque de l'âme et du corps ; et elle s'est perdue dans les subtilités d'une science dont les écoles allemandes sont venues achever la confusion.

Malebranche, à travers sa donnée mystique de la vision en Dieu, supprimait le corps pour mieux expliquer l'âme, lorsqu'une autre école ne voyait là que des idées pures.

Pour les matérialistes, au contraire, la dualité humaine n'est qu'une fiction : — c'est l'âme qui disparaît et n'est plus qu'une formule pour exprimer l'ensemble des faits de sensibilité organique.

Les législateurs, qui sont au-dessus des systèmes par la seule force de la raison et la science de l'expérimentation sociale, ont étudié avec le plus grand soin, au point de vue des mœurs et du rétablissement de l'ordre, cette double nature de l'homme, avant d'établir les règles de la justice, pour ne frapper qu'à coup sûr une individualité responsable : — chez eux la science de l'être avait précédé la science du droit.

Les magistrats, pour appliquer ces règles, pour se pénétrer de leur esprit, ont dû à leur tour remonter à la source et devenir physiologistes et philosophes ; mais nous pensons qu'une étude sérieuse de psychologie rationnelle et d'observation pratique leur suffira pour expliquer, comme elle suffira aux jurés pour comprendre le double phénomène moral et matériel qu'ils ont sans cesse sous les yeux devant la cour d'assises. — Ils ne sont d'aucune école, si ce n'est de celle du bon sens.

Du désir qui se forme à la pensée d'un crime pour réaliser ce désir, il n'y a qu'un pas plus ou moins rapide, une impression des sens complétée par une opération de l'intelligence ; mais il y a loin encore pour arriver au fait extérieur, qui n'est que la satisfaction de ce désir, l'accomplissement de cette pensée : — avant de succomber à la tentation coupable, l'homme, ainsi sollicité, doit traverser des faits de conscience ; anéantir des principes ; vaincre la raison qui résiste ; établir, en un mot, la lutte, le combat du bien et du mal, pour forcer ensuite la volonté à commander l'action.

7

L'idée, le désir, c'est le fait en germe ; de même que l'action, c'est la pensée vivante, le crime moral qui prend un corps, qui se matérialise, pour ainsi dire, en s'incarnant dans un fait ; — c'est qu'alors la volonté a cessé d'être flottante ; qu'après cette lutte du bien et du mal, elle s'est décidée pour le mal, c'est-à-dire pour le crime, dans le langage de la loi pénale.

La volonté, dont on a voulu faire une qualité simple, une faculté maîtresse, n'est qu'une résultante elle-même ; qu'un premier verdict du procès qui se plaide en nous ; qu'une esclave qui s'est asservie pour arriver à commander à son tour.

Quelle est donc cette puissance intermédiaire, dominatrice de la volonté ? — Il n'y a qu'un mot pour le dire ! — C'est le mot qui renferme en lui toutes les misères de l'humanité !

— C'est celui de toutes les accusations criminelles !

— La passion.

CHAPITRE X.

LES PASSIONS.

Au point de vue de la cour d'assises surtout, ces mouvements désordonnés de l'âme et des sens, que nous nommons les passions, ne peuvent être pris qu'en mauvaise part.

Nous ne les confondons pas avec le légitime essor de nos facultés naturelles, avec les généreuses impulsions de notre nature telle que Dieu l'avait faite, et qui sont aussi des mouvements de l'âme; mais ceux-là ne nous font sortir de nous-mêmes que pour monter vers le bien et non pour nous abaisser vers le mal.

Ce sont là les nobles passions du cœur humain qui ne peuvent que l'épurer à leur flamme, et non le troubler du flot de ces vapeurs impures qui s'élèvent du fond de l'organisme; — c'est l'amour dans toutes les acceptions les meilleures, à tous ses degrés les plus élevés, qui spiritualise nos sensations et perfectionne par là notre nature sensible; — c'est le dévouement dans les affections de la famille, dans les devoirs de la vie de relation; — c'est la passion du beau qui inspirait Platon; la passion du vrai qui animait Socrate; l'aspiration vers l'idéal qui consuma Raphaël; l'enthousiasme pour le sublime dans la nature et la perfection dans l'art qui seul fait les grands artistes et les grands poëtes; c'est enfin dans l'amour du bien public, l'ambition des grandes choses personnifiée par la magistrale figure du chancelier de l'Hospital, si fière et si tranquille au milieu de la guerre civile et de la fureur des partis.

Nous ne reculons pas dans cette voie devant les élans passionnés d'une honnêteté qui s'indigne, devant même ces haines vigoureuses pour le mal dont Molière a si heureusement su faire un sentiment élevé.

Ces passions sont la vie même de l'homme, et les proscrire en lui, ce serait le faire abdiquer du même coup les mouvements vrais de l'âme et les plus légitimes instincts de la sensibilité.

Les stoïciens ont eu le courage de faire ce sacrifice à un rêve de vertu, bien difficile à réaliser sur la terre : — Leurs théories, sublimes quant au but, qui est la perfection morale de l'homme, ont été trop absolues dans leurs moyens. — En condamnant en lui les émotions de l'amour, ils ont tari en même temps les sources de la pitié ; et pour qu'il devînt insensible au mal, ils le rendaient en quelque sorte indifférent au bien ! — Ils lui ôtaient le plaisir pour lui épargner la douleur ; ils annihilaient l'homme sensible pour anéantir ses passions, et le vouaient à l'immobilité pour l'empêcher de courir aux abîmes. — Afin d'être sans envie, il fallait devenir sans pitié ; car, disaient-ils, *l'envie n'est qu'un chagrin du bonheur des heureux, comme la pitié un chagrin du malheur d'autrui ; et le sage doit être sans chagrin.* — C'est qu'ils appelaient un sage un être de raison qui s'évanouit au premier rayonnement de la vitalité humaine ; — puis à l'épreuve de l'existence, Caton, l'un de ces admirables sages, la termine par le désespoir et le suicide, et Brutus par un blasphème, reconnaissant enfin qu'il est de ces douleurs que le cœur le plus stoïque ne peut envisager sans trouble, la corruption des vieilles mœurs, la perte de la patrie, les défaillances de l'honneur.

La doctrine de l'Évangile n'a point ces défaillances, et dans sa perfection elle est non-seulement plus humaine, mais elle offre sans cesse Dieu pour refuge aux douleurs d'ici-bas. — Néanmoins la doctrine stoïcienne est, dans l'œuvre morale de l'antiquité païenne, ce qu'il y a de plus élevé et de moins imparfait ; mais c'est le rêve de purs esprits qui ont trop compté sur l'abnégation personnelle absolue ; d'admirables solitaires enfermés dans une secte philosophique, sorte de Port-Royal antique où l'on ne sent d'autre divinité que celle de la raison.

Kant leur appartient, par ce côté, dans sa théorie de la raison pure, où il fait une complète abnégation des sens, parce qu'ils troublent l'intelligence, comme les mystiques qui poursuivent l'immolation de la chair, parce qu'elle est un foyer ardent de toutes les impuretés.

Tous ces systèmes, qui viennent de haut et

de loin, voient plutôt la cause de nos erreurs que leurs effets punissables; — ils s'arrêtent au sommet, au devoir absolu, en face de Dieu et de nous-mêmes; mais ils offrent cependant une observation bien douloureuse des maux et des désordres répandus dans l'humanité; — ils ont en grande défiance et le corps et la chair, et surtout les passions, c'est-à-dire ces mouvements violents, corrupteurs de la nature sensible, et qui mettent par là la perversion dans la nature morale.

La philosophie judiciaire, pour être pratique, doit de plus placer le devoir en face de l'homme pour lui montrer les effets de ses déviations, et en face de la société pour lui éviter les périls causés par les passions; — elle est animée du même amour du bien, des mêmes convictions sur la cause des délits et des crimes : — elle trouve cette cause dans les transformations viciées de nos besoins, dans l'abus de nos facultés naturelles, dans la dégénérescence de notre organisation; mais elle sait que, pour être utile, elle doit rester dans le domaine du vrai, et que ce n'est pas avec des abstractions systématiques que l'on peut échapper à la réalité des choses.

Chaque fois que l'investigation du magistrat met en évidence un fait qui constitue un crime, son œil de philosophe et d'observateur découvre au cœur du coupable un désir porté à son comble; l'exagération maladive d'un vif sentiment d'attrait ou de répulsion pour une personne ou une chose; un grossier appétit du corps; une grande ardeur de convoitise sensuelle ou de cupidité; et quel que soit l'élément dominant dans chacun de ces mouvements qui constituent la passion, le juge découvre les mêmes voies coupables pour atteindre le but, ou les mêmes violences pour écarter l'obstacle : — Il y a solidarité de moyens dans la perversité; et le paysan dont parle Marmontel connaissait instinctivement le cœur humain, lorsqu'il disait à un grand seigneur qui avait déshonoré sa fille : « *Si vous aimiez l'argent* » *comme vous aimez les femmes, vous seriez un* » *voleur de grand chemin.* »

En écoutant quelquefois les doctrines complaisantes, autant qu'imprudentes, qui veulent trouver dans l'entraînement d'une passion un principe d'acquittement en cour d'assises, une sorte de bill d'indemnité au profit d'un grand coupable, nous nous sommes rappelé l'opinion d'un philosophe grec qui proposait d'introduire dans la législation une excuse pour tous les crimes commis dans le paroxysme de la colère ou de l'amour, parce que, disait-il, ces passions sont plus fortes que nous : — cela décèle suffisamment l'époque de l'invasion des sophistes, qui étendaient les doutes de leur esprit, les subtilités de leur dialectique, sur les plus belles vérités des maximes de Pythagore : — on était déjà loin des grandes lois et des vieilles mœurs, où l'on voyait un homme, un vrai philosophe celui-là, qui pleurait sur un affront dont la morale et la loi ne lui permettaient pas de se venger.

Une école matérialiste a choisi les passions pour en faire la base et le pivot de son système : — elle devait reprendre cette thèse de leur irresponsabilité ; — pour elle tout étant enfermé dans la nature sensible de l'homme, elle devait faire un dieu de la matière et réhabiliter la passion.

Il est certain pourtant que sans elle il n'y aurait pas de crime sur la terre : — il n'en est pas un seul dont elle ne soit l'occasion ou la cause ; et si l'entraînement sans contrôle, qui n'est autre chose que la passion sans frein, pouvait sinon justifier, du moins excuser un crime, il n'en est pas un seul, quelque atroce qu'il soit, qui pût faire tomber son auteur sous l'application de la loi pénale.

Que deviendrait alors la société ? — Les gens calmes, honnêtes, modérés dans leurs désirs, résignés dans leurs déceptions, seraient continuellement la proie et les victimes des hommes pervers, passionnés dans leurs penchants, et violents dans leurs convoitises : — si un semblable résultat fait frémir les sages, il ne désarme pas les systèmes : — un œil myope et faux ne sait pas lire l'absurdité d'une doctrine dans les désordres publics et les malheurs privés de ses déplorables conséquences.

Il ne suffira pas alors que les saines théories de la philosophie, que les maximes des moralistes aient repoussé ces pernicieux sophismes qui ont ménagé parfois à la passion des triomphes en cour d'assises, — c'est là même, sur le terrain qui lui est assigné pour sa dernière lutte avec la raison publique, qu'elle doit être combattue par les magistrats avec le plus d'efforts. — C'est lorsque cette puissance a été surprise en flagrant délit d'influence sur le crime qui a été commis, qu'elle doit être avant lui condamnée ; car la passion avait nourri son auteur d'aliments empoisonnés qui ont surexcité son organisme ; car elle lui avait donné des forces au delà de ce qui était nécessaire pour le bien, mais dans la proportion du mal qu'elle voulait lui faire accomplir. — Elle avait exalté des facultés mauvaises qui s'emploient pour la perte de l'homme, aux dépens des facultés maîtresses et directrices qui sont vouées à sa perfectibilité.

Tous ceux dont la voix peut se faire entendre devant la cour d'assises doivent songer toujours, en parlant des passions, qu'il y a là devant eux des yeux qui voient, des oreilles qui écoutent, cherchant les uns un exemple, les autres un enseignement ; mais que derrière eux aussi il y a une société pour leur demander compte d'un surcroît de misères, d'une recrudescence de crimes : — magistrats, jurés, défenseurs, un reproche bien grave pèserait sur nous tous, si l'intérêt égoïste et sans responsabilité de la passion personnelle, pouvait l'emporter sur l'intérêt sacré de la moralité générale.

CHAPITRE XI.

LE RÔLE DE LA PASSION DANS LE CRIME.

LE FRATRICIDE.

La haine est la première passion qui ait inauguré la mort dans le monde, et le fratricide le premier crime qui ait ensanglanté la terre.

La page de la Bible où est écrit le crime de Caïn ouvre les annales de l'homme d'une manière bien sinistre : — la brièveté du récit, la sobriété nerveuse du texte, ajoutent à l'effroi d'un pareil début ; — l'horreur saisit encore plus profondément quand on relit cette page, en songeant qu'elle n'a jamais été fermée ; et dans les faits d'aujourd'hui nous retrouvons l'image de ce premier-né de la race humaine, portant au front toujours le signe sanglant de la déchéance ; — le crime suit de si près la passion, qu'il se confond presque avec elle,

et nous en suivons rapidement les phases dans
le chagrin amer de voir dédaignés des présents
faits sans amour et prodigués sans foi ; dans
l'envie qui naît de ce chagrin, lorsque ce
frère voit agréer des dons plus purs que les
siens ; enfin dans cette colère haineuse qui dit :
Sortons, et qui tue aussitôt.

Toute la physiologie des passions est là,
contenue dans quelques lignes sublimes de
leur simplicité même ; et quand le temps a
marché dans ce sentier douloureux, nous nous
trouvons encore en face de ce premier tableau
de la criminalité ; car c'est encore la voix du
sang d'un frère qui crie comme aux premiers
jours du monde habité, non plus seulement
vers la justice divine, pour qu'elle voue l'assassin à ce supplice sans trêve d'une fuite sans
fin ; mais vers la justice des hommes pour lui
demander le châtiment de l'un des plus grands
crimes qui puissent affliger l'humanité.

Toutes les accusations de fratricide qui se
produisent devant la cour d'assises n'ont pas
une physionomie uniforme : — elles reçoivent
l'empreinte des faits accidentels et des carac-

tères personnels; mais elles ont sinon pour base, du moins pour cause la plus prochaine, cette passion de la haine dont le germe est au fond des mauvaises natures, et que viennent susciter et développer dans les cœurs corrompus par elle, les incidents les plus futiles comme les plus graves de la vie de famille, où jouent souvent un grand rôle aussi l'ambition, l'intérêt et la jalousie, ces trois sources profondes et empoisonnées de la haine qui les réunit toutes.

Elle trouve son aliment dans ces querelles des frères trop faciles à s'irriter, au premier objet de contrariété qui s'élève entre eux; dans cette antipathie des caractères qui ne sait pas s'immoler à la paix de la maison paternelle; dans cet antagonisme des intérêts matériels, si vivaces, si âpres par la rudesse des mœurs des campagnes, et qui rend si acrimonieux les rapports, les procès de voisinage, et si implacables les inimitiés de famille.

Parfois, le plus souvent même, c'est dans la division des héritages, un partage parfaitement égal en soi, mais lésionnaire toujours pour ces esprits chagrins, envieux de tout ce qu'ils n'ont pas, et qui dévoile en eux cette cupidité qui convoite, cette colère qui excite, cette jalousie qui soupçonne, et dont l'action multiple vient miner peu à peu tous les sentiments naturels.

La haine, se formant de ces éléments divers, s'en fait des auxiliaires pour les absorber et se les assimiler, parce qu'il est de sa nature de s'accroître sans cesse au cœur de ceux qui s'en laissent envahir.

Cette passion ne se présente pas toujours sous la même apparence, dans les accusations de fratricide; mais elle se montre dominante dans trois types invariablement reproduits :

C'est d'abord ce jeune laboureur de la Corrèze, jaloux de commander en maître dans une maison que les infirmités d'un père faible et usé laissaient sans direction : — après avoir accueilli avec une joie secrète la fausse nouvelle de la mort de son frère à l'armée de Crimée, ce qui eût comblé son ambition, il le vit revenir avec l'amer déplaisir de cette espérance trompée, de cette ambition déçue.

Du chagrin d'abandonner à son frère aîné, plus fort et plus intelligent, la conduite des travaux et des affaires de la famille, il passa vite au ressentiment, et du ressentiment à la haine. — Le témoignagne extérieur ne s'en fit pas attendre, et aux premiers mots d'une discussion dans laquelle le jeune militaire indigné lui reprochait de ne pas vouloir lui rendre compte d'un dépôt de 500 francs qu'il lui avait confié avant son départ, il le tua d'un coup de couteau, au milieu de plusieurs personnes, dans le cabaret même où cette somme avait été dépensée avec une orgueilleuse ostentation : — la haine, qui s'était contenue aux amertumes du retour, avait débordé aux blessures de l'amour-propre. — Ainsi, la haine, quand c'est l'ambition qui lui donne de pareilles proportions, joue aujourd'hui, dans une demeure obscure, pour une place entière au foyer, pour la direction exclusive d'un attelage ou d'une charrue, le même rôle sanglant qu'autrefois pour la possession d'un trône ou la direction d'un peuple.

Une autre fois, c'est une haine ouverte, d'une intensité trop grande pour pouvoir se contraindre, lorsqu'un sordide intérêt s'unit

à la violence du caractère ; mais qui, à l'aide
d'une perversité de longue date, sait choisir
son moment, et par la ruse croit à la fois
préparer et cacher le crime qu'elle médite. —
Les frères Richard, de la cour d'assises d'Ille-
et-Vilaine, en voulaient à leur sœur, parce
que cette bonne et sainte fille, affligée de voir
sa mère sans cesse victime comme elle-même
des désordres de conduite de ses frères, et de
leurs violences toujours employées pour avoir
de l'argent, avait déterminé sa mère à quitter
la ferme qu'ils exploitaient en commun, et
avait reçu d'elle un petit avantage pécuniaire
qui devait compenser d'odieuses dilapidations.

Pour s'en défaire et pour l'assassiner, ils
s'étaient partagé les rôles : — l'un d'eux allait
l'attendre afin de la noyer, en faisant croire
à un accident, dans un ruisseau qu'elle devait
traverser pour se rendre, avant le jour, à la
messe du matin, tandis que l'autre avançait
de plus d'une demi-heure l'horloge de la
maison, pour que sa sœur partît avant les
autres personnes du village, et se trouvât ainsi
isolée, sans secours, sans témoins sur la route.

Indépendamment des autres charges, un

enfant, qu'il croyait endormi, avait vu le plus jeune des frères Richard avancer l'horloge, pour faire partir sa sœur, puis ramener d'autant l'aiguille en arrière après son départ. — Ce fut ainsi une simple aiguille d'une horloge de campagne qui fut à la fois la complice d'un crime et l'instrument providentiel de l'expiation d'un nouveau fratricide causé par l'intérêt et la haine.

Enfin, c'est un exemple d'une colère intérieure, d'une haine latente, longtemps amassée et nourrie en secret, et d'autant plus dangereuse qu'elle est plus concentrée, comme ces feux souterrains qui ne se montrent au dehors que pour y faire explosion.

Un jeune homme sombre et pensif promène solitairement les ennuis qui le rongent ; il s'isole à la fois de sa famille et des compagnons de son âge : — au cabaret même il boit seul.

Au pesant fardeau qu'il semble porter partout avec lui, à la préoccupation absorbante qui est marquée sur son front en rides précoces, on lit une grande douleur sans doute, mais dont une mauvaise passion a corrompu la source. — Cet homme est bassement jaloux ; il hait son frère d'autant plus profondément qu'avec plus de complaisance il a nourri cette haine : — il le hait de toute l'estime dont ce frère est environné, de tout l'amour de leurs parents pour l'objet de cette aversion.

Son éloge lui est plus pénible qu'un blâme qui lui est personnel ; et si un sourire sardonique vient contracter ses lèvres minces, soyez sûr que quelqu'un a vanté devant lui le caractère ouvert, la nature droite et franche de son frère, ce qui, par le jeu ordinaire des passions, comporte pour lui, dans l'esprit des autres, l'idée d'une infériorité, d'une imperfection qui affecte le sentiment de sa propre valeur.

Tout lui porte également ombrage : — comme chef de famille, l'autorité de son frère lui pèse ; une simple invitation à faire une chose lui semble l'ordre d'un maître ; — un conseil de conduite, un outrage ; — sa fermeté de caractère, un affreux despotisme. — Il n'y a pas jusqu'à sa gaieté franche qui ne lui paraisse une ironie de son humeur sauvage ; jusqu'à son ardeur au travail qu'il ne regarde comme une satire de sa paresse.

Conduit enfin par la route de la jalousie à une grande intensité de haine, elle se décèle parfois par les efforts même qu'il fait pour la dissimuler ; et son agitation intérieure, se trompant d'objet, déverse sur un autre le vif mécontentement qu'il ressent de lui-même. — Il s'étonne alors et s'indigne d'une préférence de famille quelquefois imprudente dans ses manifestations, mais qu'il a créée pourtant ; et c'est avec rage qu'il étudie les symptômes d'une désaffection qui s'attache à lui.

Lorsque tout cela se passe dans le cercle étroit du foyer, dans ce contact de tous les jours et de tous les instants, le pain de la table commune devient de plus en plus amer, par cela seul qu'il faut le partager avec un frère.

Un soir, il rentre seul d'un marché de bestiaux où les deux frères avaient dû se rendre ensemble. « Où donc est ton frère? lui demande sa mère. — Me l'avez-vous donné à garder? » répond-il d'une voix brève.

Cette pauvre femme, qui a rapporté ce propos caractéristique dans l'instruction, se rappelle avoir entendu, dans un sermon sur la jalousie, cette réponse de Caïn, et elle passe la nuit sur une chaise à attendre et à pleurer.

Le matin on rapporte le corps sanglant de son fils aîné, tué lâchement sur la grande route d'un coup de bâton qui, porté par derrière, lui avait brisé la tête; et le rôle des assises compta un fratricide de plus.

Une atteinte à l'intégrité de la famille, une tache au foyer domestique avait marqué les premiers pas de la race humaine dans la voie du mal. — C'est sous l'empire d'une passion haineuse que s'est continuée aussi, à travers les âges, cette tradition sanglante qui souille encore à un si haut degré nos annales criminelles.

La justice prend son droit à l'inflexibilité bien plus dans la nature outragée que dans la loi qui punit l'homicide. — Si le juge frappe avec calme, l'homme en lui ne peut se défendre d'un sentiment bien douloureux, mêlé quelquefois d'indignation, au spectacle de ces haines de famille devenues si implacables, qu'il n'y a plus que la mort pour elles qui puisse séparer ceux qui, nourris du même

lait, avaient si longtemps, à la table commune, mangé du même pain ; — et quelle
affligeante surprise on éprouve, lorsque l'on
envisage pour quelles mesquines jalousies,
pour quels intérêts d'un jour, pour quelles
éphémères jouissances, des hommes sacrifient
de si grands sentiments, et s'acharnent à détruire l'appui fraternel que la nature avait
mis près d'eux pour les moments d'épreuve :
— ils ouvrent dans l'édifice de la famille une
brèche que rien plus tard ne pourra réparer,
comme ils creusent au cœur de la mère une
source de douleur que rien ne pourra tarir
désormais.

Même à ce point de vue, si la justice était
quelquefois impuissante à convaincre le criminel, il doit trouver dans les pleurs de sa
mère un incessant supplice ; et cette place qu'il
a voulu rendre vide à table, il faut qu'elle
soit remplie pour l'œil visionnaire de sa conscience. — L'ombre de Banquo n'est pas une
pure fantaisie de l'imagination : c'est l'image
du remords, à défaut du châtiment.

La philosophie chrétienne l'avait dit avant

nous; et il y a une bien douloureuse expérience du cœur humain et de la marche qu'y fait la passion, dans cette parole de l'Évangile de saint Jean : *Celui qui hait son frère est un meurtrier !*

CHAPITRE XII.

LE RÔLE DE LA PASSION DANS LE CRIME.

LE PARRICIDE.

Les premiers législateurs avaient refusé d'admettre dans les lois ce mot contre nature qui ne devrait pas exister dans la langue des hommes ; — ils ne pouvaient pas supposer qu'il se rencontrât jamais un homme capable de donner la mort à ceux-là mêmes qui lui avaient donné la vie. — Pour l'antiquité, la paternité était un culte et l'image terrestre de la sagesse divine ; aussi ses lois, si dures pour d'autres crimes, n'avaient-elles pour celui-là aucune disposition particulière de pénalité.

Il a fallu une bien affreuse expérience du cœur humain et de ses passions, l'exemple plusieurs fois renouvelé d'un forfait inouï, pour porter les législateurs de Rome à intro-

duire dans la loi des Douze Tables une peine
d'une nature particulière contre le parricide.
— Le coupable était cousu dans une outre,
en compagnie d'un chien, d'un coq, d'un singe
et d'une vipère, et jeté à la mer.

La bizarrerie raisonnée, le symbolisme
étrange de cette pénalité, indique assez l'horreur qu'inspirait l'auteur d'un pareil crime :
— en le faisant dévorer par des bêtes, en le
livrant aux flots de la mer, on ne le jugeait
pas digne d'être traité comme un homme, ni
de mourir par la main des hommes, ni d'être
enseveli dans la terre des hommes.

A Naples, la loi défend de condamner à
mort un mineur de dix-huit ans; le parricide
seul est déclaré indigne de participer à ce privilége de la première jeunesse.

Lorsque la loi positive ordinaire défend,
sous peine d'un châtiment grave, de porter
la main sur une personne, combien ne doit-
elle pas être plus impitoyable pour celui qui
outrage la nature, en même temps qu'il porte
atteinte à l'inviolabilité de la vie! — Il y a là
un immense pas de plus dans le mal; deux

lois suprêmes violées dans un seul fait; un principe plus sacré de moralité foulé aux pieds; une double immolation d'un grand devoir social et d'un profond sentiment naturel.

Ce crime, qui se reproduit encore si souvent en cour d'assises, révolte la conscience, confond la raison, soulève le cœur de tous les hommes, et glace d'épouvante tout ce qui porte en soi, comme une religion, le sentiment de l'amour filial et le souvenir des parents disparus : — quelle échelle de dégradation il faut avoir descendu vers le mal, pour aller de ces sentiments de respect et d'affection qui sont la loi de la nature et la loi de Dieu, à cette monstruosité morale, à ce crime, sans nom pendant plusieurs siècles, qu'on appelle le parricide.

Pour briser ce lien puissant des générations, ces attaches si fortes de notre cœur, il fallait encore cette tempête intérieure qui fait taire à son bruit toutes les voix du sang, c'est-à-dire la passion, et la plus basse de toutes les passions : — la cupidité ! — La cupidité agressive contre la vie et la propriété d'autrui, et si bien

caractérisée par l'*auri sacra fames* de Virgile;
la cupidité impatiente, qui n'attend pas son
heure, mais qui la devance au contraire par
le plus abominable de tous les crimes.

Sans doute, encore cette fois, il se rencon-
trera quelques faits isolés qui échapperont à
cette cause; mais ils sont exceptionnels. — Il
s'est rencontré devant les cours d'assises de
ces enfants ingrats qui, par pure méchanceté,
par les seules incitations de l'ivresse ou d'un
naturel féroce, traitaient leur père en le frappant comme ils n'auraient pas voulu traiter
les bestiaux de leur écurie; mais dans la presque totalité des seize ou dix-huit accusations
de parricide que nous avons signalées en
moyenne chaque année, c'est une passion cupide qui a le principal et quelquefois le seul
rôle.

N'est-ce pas avec un grand serrement de
cœur qu'on apprend de la bouche d'un témoin
que la veille du jour où une pauvre vieille
femme a été trouvée étranglée dans son lit,
elle avait refusé de l'argent à son fils, qui
s'était écrié en sortant de chez elle : *Cette*

vieille g..., si je ne la tue pas, je n'hériterai jamais !

N'est-ce pas avec la même surprise douloureuse qu'on lit un interrogatoire dans lequel une fille qui venait d'empoisonner sa mère, infirme et âgée, répondait aux pressantes questions du juge d'instruction : *Que voulez-vous? j'avais des besoins, et elle ne mourait pas assez vite !*

Lorsque la cour d'assises a entendu de ces choses ; lorsqu'elle a recueilli ces mots caractéristiques et ces cyniques aveux, ils expliquent bien des mystères du cœur humain, et jettent une vive clarté sur les convoitises anticipées des héritages ; sur le désir ardent d'une possession qui se fait trop attendre ; et l'on suit alors l'enchaînement des faits de conscience dans les cœurs pervertis, et le passage mystérieux, souvent confus, de la pensée au désir, du désir à la passion, et de la passion au crime.

Cela nous amène naturellement à rechercher et à découvrir, dans la même voie, une source plus fatale, une cause plus prochaine

et beaucoup plus fréquente du crime de parricide : — nous voulons parler de la démission
de biens, du partage anticipé de l'héritage
du père entre ses enfants, à la charge de le
loger et de le nourrir.

A moins qu'il ne connaisse à fond leur caractère, qu'il ne l'ait éprouvé à une pierre de
touche infaillible, qu'il ne se soit assuré, par
une longue étude, de leur tendresse et de leur
moralité, il commet là une immense faute,
une énorme imprudence dont il doit toujours
se repentir, même quand il n'en est pas la
victime.

Il s'est mis à leur merci ! — Tel est le mot
profond et vrai des hommes de la campagne,
doués de plus de sens, d'observation et de
pénétration qu'on ne le suppose, pour caractériser une pareille situation de famille.

*Tu n'aurais pas dû être vieux avant d'être
sage,* disait dans le même sentiment le Fou du
drame de Shakspeare au vieux roi qui se
plaignait de l'ingratitude de ses filles; *puisque
tu en as fait tes mères, ton sceptre dans leur main
est une verge pour te fouetter;* et le grand poëte

est là en même temps un grand philosophe. —
Il prouve encore combien la haute poésie est
la haute sagesse, lorsque le vieillard, au tableau qu'on lui fait d'un homme accablé de
douleur, s'écrie naïvement : *Est-ce qu'il a
tout donné à ses filles?* — Il ne peut penser,
dans son idée fixe, que tous les malheurs de
l'humanité ne soient pas enfermés dans la position personnelle qu'il s'est faite en se dé-
pouillant.

Voilà de ces mots de maître, de ces traits
pénétrants du génie, qui illuminent d'un jour
sinistre les passions de l'âme humaine et le
crime des enfants.

Le parricide est là tout entier.

Il y a donc dans l'abandon anticipé de
l'héritage, à condition de nourriture ou de
pension alimentaire, un caractère aléatoire
qui a quelque chose de triste et de démoralisant à la fois; des incitations au mal, des tentations dangereuses, une porte trop largement
ouverte à la perversité.

Le lien onéreux de ce contrat de rente, c'est
la mort seule qui peut le briser : — ce qui
pèse sur une semblable obligation, c'est une

vie humaine ; et il ne faut jamais mettre celle-ci, sans une nécessité absolue, sur le chemin d'une passion aussi aveugle et aussi absorbante que la cupidité.

Le mot qui désigne ainsi une héritière future : *Elle a de belles espérances*, nous a toujours semblé odieux et contenir une révoltante alliance de pensées ; — cette forme de langage, qui n'est qu'inconsidérée dans le monde, devient une réalité profonde pour la passion cupide. — L'idée de la mort d'un père ou d'une mère se confond avec la légitimité d'une obligation civile ; et si cette pensée devient trop assidue, elle ne peut plus se séparer de celle d'une charge qui lui pèse ; — alors on la caresse comme une chose attendue, comme la résolution d'un contrat ; et le cœur se corrompt, en se familiarisant avec une préoccupation qui ne voit que cette charge dans l'existence d'une personne sacrée ; dans sa mort, que la solution de ce contrat ; et qui ose envisager l'image de la destruction comme la satisfaction d'un désir accompli.

Que devient dans la famille la personnalité du père, pendant que se fait dans la conscience du fils ce travail affreux de décomposition morale? — Il est bien évident, surtout dans les mœurs des campagnes, que le chef de la famille, en abdiquant sa direction, s'est amoindri dans l'opinion de tous, et, à plus forte raison, pour celui qui s'est ainsi perverti d'esprit et perverti de cœur.

Le respect, ostensible d'abord, se retire peu à peu de l'autorité qui l'abandonne; et la piété filiale se perd pour jamais dans les voies de l'ingratitude : — au lieu d'un fils reconnaissant, il ne se trouve désormais qu'un possesseur avide qui ne se souvient plus de l'origine des biens dont on s'est dépouillé pour lui, et qui n'est sensible qu'à la contribution alimentaire qui lui est imposée. — Il oublie le dévouement du passé dans les soucis du présent; — les soins sont des entraves, et non plus des devoirs; — ce malheureux vieillard tient trop de place au foyer; il mange trop à table. — *Il nous coûtait trop à nourrir*, est encore un autre mot d'un accusé, et ce mot éclaire d'un jour affreux de pareilles accusations.

Le pain que le père donnait avec amour,

ne lui est plus rendu que comme une au-
mône; — c'est une bouche inutile, une chose
qui consomme sans produire, et qui, pour
l'ingratitude, n'a plus sa raison d'être.

Et puis, il a des habitudes gênantes, des
manies de vieillard; un caractère qui s'est
aigri ; peut-être quelques dettes, quelques
exigences : — ses torts sont, en réalité, le
besoin qu'on a, sinon pour légitimer, du
moins pour expliquer ces indignes procédés,
précurseurs symptomatiques d'un crime bien
plus grand. — Ses torts sont de vivre au
delà de ce que son âge avait promis au
contrat.

C'est là, nous le croyons, le chemin ordinaire qui mène au parricide : — c'est aussi
l'image de ces mauvais désirs, de ces incitations cupides qui, peu à peu, rongent, comme
un acide, les cœurs qui s'en laissent pénétrer. — Ils y font un vide qu'aucun sentiment
ne peut plus remplir, et déterminent cette
situation fatale où, du désir qui convoite à
la passion qui tue, il n'y a plus qu'un pas
trop facile à franchir.

Cette étude morale sur le parricide, nous l'avons puisée dans la pratique, si triste, de la cour d'assises, dans la réalité des choses, dans leurs éléments épars assurément, mais qu'il est permis de grouper synthétiquement, comme ici, sans s'appesantir sur des détails de faits qui appartiennent plus à la statistique qu'à la philosophie.

CHAPITRE XIII.

CRIMES DES ÉPOUX.

L'union de l'homme et de la femme, régularisée par le mariage, a été la première communauté de sentiments et d'intérêts qui ait assuré, d'une manière normale, là propagation de la race humaine; de même que la paternité a été la première autorité qui ait représenté Dieu sur la terre. — La famille, ainsi constituée, en étendant au dehors ses rameaux, a formé des familles nouvelles ou des tribus qui, elles-mêmes, en réunissant leurs groupes épars, ont formé des peuples, et plus tard des nationalités mieux définies.

Ces trois ordres de choses, mariage, paternité, famille, ont évidemment le premier rang dans l'organisation des sociétés, et sont liées entre elles de telle sorte, et d'un lien si étroit, qu'elles ne peuvent se séparer dans l'ordre providentiel. — Tous les faits volontaires, toutes les actions coupables qui ont porté atteinte à leur intégrité, ont dû, en première ligne aussi, attirer notre attention, et servir pour nous de type à tous les autres crimes qui, bien qu'étrangers aux sentiments et aux devoirs de la famille, sortent de la même source empoisonnée des passions.

Avant le christianisme, les sociétés antiques tournaient autour de cette grande institution du mariage, sinon pour la détruire, au moins pour la fausser : — toutes assurément n'étaient pas organisées comme Lacédémone, et ne suivaient pas les théories insensées de la république de Platon, où l'on ne reconnaissait qu'une seule famille appelée l'État, dans laquelle étaient confondus tous les biens du pays, comme tous les enfants des hommes. — Non; c'était un édifice sans base, un culte extérieur sans religion intime, là où les enfants avaient l'éducation sans l'amour filial, et les femmes les douleurs de l'enfantement sans les consolations de l'amour maternel.

Si toute l'antiquité n'a point ainsi manqué

aux lois de la nature, le despotisme de l'Orient, comme celui du monde romain, n'avait fait des enfants qu'une sorte de propriété du père ; de la femme, que la première parmi les escla- ves, qu'un instrument passif de la continuité de la race.

Le mariage, sous de pareils auspices, ne pouvait accomplir sa mission tout entière, ni remplir le vœu complet de la nature de l'homme.

Un souffle spiritualiste, une doctrine d'éga- lité morale, devait le faire entrer dans les véri- tables conditions d'une institution divine.

Par une belle concordance de vues, la reli- gion de l'Évangile en a fait un sacrement indélébile, et la loi française actuelle un lien sacramentel que la mort seule peut briser. — Son rôle le plus élevé, son but le plus évident, c'est le jeu régulier, légitime des générations ; — les préoccupations de la fa- mille nouvelle, ce sont les éléments de la famille à venir, c'est-à-dire les enfants.

A ce point de vue, l'homme qui ne veut pas traverser la vie comme un voyageur qui passe, et sans laisser un souvenir vivant de son nom et de son passage, doit faire du mariage l'acte le plus grave, le plus important de son existence. — Il prend là charge d'âmes, et engage sa responsabilité vis-à-vis de l'âge suivant qu'il prépare, et auquel il ne doit que des éléments purs dans les enfants qu'il lui donne.

Il n'a pas à ménager seulement la transmission des héritages, ce lien matériel d'une génération à l'autre, mais surtout la transmission des vertus de la famille, leur lien intellectuel : — ce patrimoine est le meilleur, le véritable, celui qui donne à sa mission ce caractère traditionnel, éducateur; ce caractère qui doit faire des fils plus respectueux de l'autorité du père, afin de préparer des citoyens plus soumis aux lois de leur pays.

L'éducation extérieure développe de jeunes facultés, agrandit le domaine de l'intelligence, éclaire le passé du monde par l'étude de l'histoire, explique l'état actuel de la science; — elle exerce en même temps la pensée par la comparaison des langues; perfectionne cet instrument merveilleux qu'on appelle la mémoire, et formule en principes cette combinaison d'idées qu'on appelle le raisonnement; — mais forme-t-elle le caractère? — Développe-t-elle le sens moral? — Non; — c'est une autre influence; c'est le cercle de la famille; ce sont les mœurs paternelles, mais à la condition de rester pures, qui peuvent seules diriger cette éducation maîtresse.

Sans doute, cette double éducation ne va pas à toutes les existences conjugales; mais le sentiment en est le même pour les enfants du pauvre que pour ceux du riche : — organisée comme nous la comprenons, au point de vue de l'avenir moral des enfants, la famille, quelle qu'elle soit, leur doit, au même titre, le maintien sévère des croyances, la conservation des principes, l'exemple du travail, et la pratique honnête de la vie commune, qui est la meilleure préparation aux devoirs de la vie sociale.

Les enfants, à leur tour, par une heureuse réciprocité d'influence, et par leur présence même, ne doivent-ils pas préserver la famille de tous les éléments dissolvants qui voudraient y pénétrer?

La vie commune est, en effet, le contrôle assidu de nos mauvais penchants; et lorsque

les enfants sont sans cesse attachés à nos pas,
à l'heure où la curiosité de toute chose les
prend, ces esprits attentifs veillent sur nos
actions comme sur nos pensées; ils les lisent
dans nos yeux comme ils les devinent dans nos
paroles : — l'habitude d'être observé ainsi
conduit naturellement au besoin de s'observer
soi-même, et d'éloigner de l'imagination tout
ce qui ne peut sans honte se traduire au dehors.

C'est là, nous le croyons, l'image bien
affaiblie, mais la condition essentielle de tout
mariage chrétien.

Malheureusement il n'est pas toujours ainsi
compris ni pratiqué : — des désordres de sentiments et de conduite viennent bien souvent
en altérer le caractère et menacer tantôt la
tranquillité intérieure, tantôt la sécurité, la
vie même de l'un des deux époux : — c'est
que ceux-ci n'ont pas été assez prudents en
choisissant les bases de leur association, ou
assez scrupuleux peut-être dans le choix de
leurs relations du monde.

Vous étiez deux, a dit la loi évangélique,
il faut que vous ne soyez qu'un, et qu'il n'y

ait plus en vous, dans le mariage, qu'une seule et même substance. — Comment se maintiendra cette sainte unité, si l'un des deux époux ne voit là qu'un but, la personne; l'autre qu'un moyen, la fortune? — Si l'on associe l'avarice avec l'amour du luxe; la décrépitude avec la jeunesse; les satiétés de la débauche avec une pureté virginale qui se ternira tôt ou tard à un pareil contact; — si l'on fait taire, pour un moment qui ne peut être que très-court, la répugnance pour n'écouter que l'ambition ou la vanité; — si l'on ne tient aucun compte de la trop grande différence des âges, qui ne permet plus aux caractères de se fondre, aux goûts de s'harmoniser, aux habitudes de se plier à de nouvelles conditions d'existence; — enfin, s'il n'y a pas une fusion complète de l'attrait personnel et de l'amour de l'âme; car réunis ce sont deux forces, mais séparé de son complément spiritualiste, le premier sentiment n'est plus qu'une faiblesse, qu'un caprice passager des sens qui périra par son isolement même, pour faire place à des convoitises condamnées à changer d'objet sans changer de nature.

Ils seront deux alors par l'antagonisme des caractères ou par l'égoïsme de la passion : — c'est là que sont en germe les divisions intestines qui mettent le trouble où devait régner l'harmonie; ces vices qui déshonorent le foyer domestique où devait régner la pureté; enfin les crimes, objets de cette étude, et qui si souvent étonnent la cour d'assises elle-même : — ils ont pour cause encore la passion. Cette passion, — c'est l'adultère. — C'est le mot de la plus grande partie des accusations de meurtre, d'assassinat ou d'empoisonnement, commis sur l'un des deux époux, et dont l'autre vient répondre devant la justice.

Nous disons de la plupart et non pas de toutes. — Pour rester vrai, nous ne voulons pas être systématique.

Un autre mobile avait déterminé l'accusé Marsille, condamné par la cour d'assises du Finistère en 1858, pour une double tentative d'assassinat sur sa femme et sur sa belle-mère, blessées par lui de deux coups de pistolet tirés à bout portant sur la place publique de Quimperlé. — C'était un sentiment de haine et de vengeance, parce que sa femme, irréprochable de tout point, venait d'obtenir une séparation de corps, pour échapper à d'incessantes brutalités, à des désordres de conduite qui avaient entraîné leur ruine.

Ce sont des passions d'un autre ordre qui ont flétri le cœur et dirigé la main d'une empoisonneuse célèbre, parce que son orgueil avait à souffrir des manières sans élégance, du caractère sans souplesse d'un mari absorbé par les soins d'une rude industrie. — Un amour effréné de l'indépendance et des séductions de la vie parisienne l'avait poussée à s'affranchir, par un crime aussi froidement conçu qu'adroitement exécuté, d'une persistance de volonté qui la retenait dans une contrée sauvage, et l'obligeait à des devoirs que sa sécheresse de cœur lui faisait paraître odieux.

La jalousie aussi, cette passion si injuste dans l'exagération de ses défiances, ou si perspicace dans ses observations intéressées, ne pouvait demeurer étrangère aux crimes des époux.

Possesseurs d'un bien qu'on leur envie ou qu'on cherche à leur enlever, ils devaient ressentir plus vivement que d'autres ce sentiment violent qui porta des jeunes filles timides jusque-là, mais exaspérées par un manque de foi, à tuer une rivale plus heureuse.

L'article 324 du Code pénal protége le meurtrier de la femme adultère, mais il enferme son excuse dans le cercle étroit du flagrant délit. — S'il ne fait que soupçonner la réalité d'une faute qu'elle n'a commise encore que dans son cœur; — ou s'il n'a que trop fidèlement suivi les progrès d'une passion qui la pousse sur une pente qu'elle n'a encore descendue qu'à moitié; — s'il l'a surprise, non encore arrivée, sur la route de ce premier rendez-vous qui va mettre une tache au foyer, une honte au nom des enfants : — et s'il se fait avant le temps légal le justicier, *le médecin de son honneur*, suivant l'expression si originale de Calderón, les juges pourront le plaindre, mais ils devront le condamner. — Pourquoi? — Parce qu'il n'y aurait ni prudence ni sagesse à se laisser entraîner, en cette matière si délicate, au delà de la loi; — parce que c'est là une voie trop largement ouverte à l'arbitrage intéressé d'une vengeance individuelle, à une justice trop passionnée pour rester équitable; — parce que la jalousie, dans laquelle l'orgueil ou la vanité tient souvent une plus grande place que l'amour, prend quelquefois l'apparence pour la réalité; et que la loi ne peut faire le sacrifice d'une existence à une fierté peut-être exagérée du caractère, à une susceptibilité trop ombrageuse de la dignité, et qui s'aveugle ou s'égare en s'associant à une passion.

A part donc les faits d'une nature analogue, qui reviennent chaque année se mêler à ceux qui les dominent par leur nombre, en étudiant cette formule d'une si frappante régularité d'alternative :

— Assassinat d'une femme par son mari;

— Empoisonnement d'un mari par sa femme, soyez sûr que vous trouverez l'adultère.

Voilà deux accusés; ils ont chacun de leur côté assommé ou étranglé leur femme : l'un pour continuer à vivre sans contrainte, sans importunité avec sa belle-sœur qu'il avait séduite sous le toit conjugal ; — l'autre, de complicité avec ses deux nièces orphelines, qu'il avait corrompues.

Les relations coupables du maître et de la servante sont bien plus dangereuses pour la femme, par la fréquence des crimes qu'elles ont suscités.

L'homme de la ville et de la vie du monde qui a perdu la femme de chambre de sa femme expose bien moins celle-ci ; car cette fille sait bien qu'il ne l'épousera pas ; mais l'homme de travail, le cultivateur surtout, ne laisse point à de mauvaises tentations une pareille voie fermée ; — rien dans le langage, ni dans l'éducation, ni dans les habitudes ne les sépare de leur servante ; — leur communauté d'habitation, la similitude de leurs travaux, les rapprochent au contraire ; — l'autorité qui s'abaisse et la corruption qui monte rétablissent entre eux une sorte de niveau, d'égalité dans le mal ; — et si, par une parole imprudente, par une promesse employée sans autre but que d'empêcher une dernière lutte de la conscience, cet homme a laissé entrevoir que s'il devenait veuf, il pourrait l'épouser, — l'existence de la femme est alors exposée.

Si, sur une semblable espérance, le mari a fait monter la domestique jusqu'au lit de l'épouse, elle n'en voudra plus descendre que pour y rentrer en maîtresse à son tour. — Lorsqu'elle n'a été que faible, lorsque sa nature n'est pas absolument perverse, il n'y aura là qu'un scandale domestique de plus; mais si en même temps que la corruption a éteint les scrupules, elle a éveillé l'ambition qui développe la convoitise, le danger de la femme augmente : — alors une lutte inégale se livre autour du lit conjugal. — Que seront pour cet homme débauché les tranquilles devoirs qui ne donnent plus d'émotions, auprès des incitations nouvelles d'une ardeur exclusivement sensuelle? — Puis des refus irritants, des terreurs simulées, ne viendront-ils pas faire, à dessein, de la présence de la femme une importunité et de son existence un obstacle?

— Alors elle est perdue.

— Un jour, cette femme est trouvée morte subitement dans son lit; elle était cependant en bonne santé la veille : — la servante a une attitude plus fière ; le mari, une singulière préoccupation ; les soupçons s'éveillent ; la justice arrive ; la femme est exhumée : on trouve une légère tuméfaction aux lèvres, au cou une ecchymose circulaire qui indique une pression, comme un engorgement aux poumons, un épanchement au cerveau annoncent une asphyxie.

Les coupables sont arrêtés, et la servante, descendue de ses rêves d'ambition, et aussi faible devant la justice qu'elle l'avait été devant la séduction, fait des aveux complets dans lesquels éclate cet enseignement : *Il m'avait promis de m'épouser.*

Enfin, comme observation morale et caractéristique de la situation, des témoins disent du mari devant la cour d'assises : — Il n'était pas ivrogne ; il n'était pas méchant.

— Il n'était pas sans probité.

— Il était seulement libertin.

Quelle lumière sur les passions !

Il semble bien étrange qu'on n'ait pas mentionné dans l'Écriture et qu'on n'ait puni chez les Juifs que l'adultère de la femme.

Les jurisconsultes romains eux-mêmes ne se sont décidés à condamner l'adultère du mari que si celui-ci est en même temps le complice d'une femme mariée. — Les Pères de l'Église ont été les premiers à réclamer contre cette scandaleuse inégalité, et à proclamer avec saint Jérôme que ce qui est commandé aux femmes est commandé aux hommes. — Cette égalité de la morale et des devoirs était déjà dans l'esprit, sinon dans la lettre de l'Évangile.

L'adultère de la femme est assurément bien plus grave, non pas au point de vue des mœurs, mais au point de vue de l'intégrité de la famille et de la transmission des héritages.

Les femmes, cela ressort de toutes les sta-tistiques, commettent plus d'empoisonnements, les hommes plus d'assassinats : — cela tient à la nature plus molle des femmes, à leur crainte des luttes violentes et de la vue du sang, au-tant qu'à leur perversité plus grande lors-qu'elles ont franchi certaines limites du mal. — Leur faiblesse leur impose la ruse ; — elles vont plus loin que les hommes dans la dégra-dation morale et plus loin aussi dans le crime ;

car elles tombent de plus haut, et brisent dans leur chute des sentiments plus délicats. — De là l'empoisonnement, cette arme des lâches, *qui fait une embûche de la table commune,* comme disait le procureur général dans le procès *Sommerset,* et change l'aliment qui nourrit en poison qui détruit l'organisme dans la main même qui doit préparer le repas.

Parmi les crimes d'empoisonnement que nous ont signalés nos recherches, nous en avons remarqué deux qui, bien que de caractère différent, peuvent servir de types à tous les autres.

C'est d'abord la femme Desjardins, de la cour d'assises de l'Oise, en 1850 : — Condamnée une première fois pour adultère, de complicité avec un ouvrier, elle repoussa avec dédain un pardon généreux que lui offrait son mari ; et quelques jours avant un empoisonnement dont les violents symptômes frappèrent tous les yeux, elle disait à une voisine avec un cynisme effrayant de passion : — *Il faut en finir ; j'aime mieux mourir avec mon amant que de vivre avec mon mari.*

La dame M..., au contraire plus prudente, n'en était pas moins passionnée : — elle avait une de ces têtes froides qui savent mieux cacher de sinistres projets. — Riche, et possédant avec deux enfants en bas âge toutes les conditions de félicité désirables; mais le bonheur tranquille, l'existence paisible n'allaient pas à son caractère. — Des démarches inconsidérées, une conduite légère, et enfin des relations illégitimes, amenèrent des orages domestiques.

Tout à coup cette femme parut revenir à de meilleurs sentiments; son mari, homme excellent d'ailleurs, dans l'intérêt de ses enfants autant que par faiblesse, consentit à recommencer la vie commune; et l'ordre rentra, du moins ostensiblement, dans la maison.

Le mari, que ses chagrins avaient déjà vieilli avant l'âge, éprouva bientôt quelque dérangement dans sa santé, sans affection bien définie. — Un malaise général, qui n'avait rien d'inquiétant, altéra pourtant visiblement ses traits. — Après un mieux sensible, il redevint plus souffrant; ses digestions étaient troublées, mais faiblement encore, et sans autre douleur que de légers tiraillements à l'épigastre. — Cependant de longues insomnies augmentèrent son malaise et diminuèrent insensiblement ses forces; il s'alita. — Le médecin ne comprit rien à une indisposition qui allait s'aggravant sans cesse, sans qu'elle parût affecter spécialement aucun organe essentiel à la vie.

La femme, pour racheter les torts de son passé, se fit garde-malade : — aussi assidue qu'attentive au progrès du mal, elle ne quitta plus qu'à de rares intervalles le chevet de son mari, qui d'elle seule d'ailleurs voulait recevoir les soins prescrits et les remèdes ordonnés; tantôt ils le ranimaient, tantôt ils aggravaient son état. — Le médecin, surpris de ces frissons sans fièvre qui parcouraient ses membres, de ces froides gouttes de sueur qui coulaient de son front, jetait parfois un regard à moitié soupçonneux, à moitié interrogateur, sur cette femme dont la douleur sereine et le zèle empressé à seconder ses soins détournaient ses soupçons. — Le malade languit encore quelque temps, puis sa vue se troubla; et sans autre symptôme bien accusé que quelques défaillances plus fréquentes, quelques frissons plus forts, quelques sueurs plus abondantes, sans

crise, presque sans agonie, il s'éteignit douce-
ment en pressant la main de sa femme.

La dame M..., à peine le délai légal écoulé,
épousa son amant, moins prudente dans la
joie du triomphe que dans la patiente exécution
d'un grand crime : — des rumeurs, vagues
d'abord, prirent à cette lumière une consis-
tance plus grande; on étudia de plus près
sa conduite; on apprit que sa rupture avec son
amant n'avait été qu'ostensible, et qu'à de
rares intervalles leurs relations avaient con-
tinué, même pendant cette longue maladie
qui, par d'étranges alternatives, avait paru
s'arrêter ou s'aggraver, selon qu'une main
étrangère ou celle de l'épouse donnait au malheureux les breuvages réclamés par une soif
ardente et chaque jour plus vive.

Dans le rapprochement de ces faits avec les
symptômes mieux étudiés, on reconnut les
phases d'un de ces empoisonnements calculés
qui décèlent autant de sang-froid que d'habileté
en face de la souffrance; c'est qu'en ménageant
des doses imperceptibles, homéopathiques pour
ainsi dire, on arrive à des effets qui, en minant

lentement l'organisme, n'en sont que plus
sûrement désorganisateurs.

Cela serait dangereux à dire, si le crime ne
comptait toujours sans la science : — ces secrets odieux, qu'une femme deux fois coupable
croyait à jamais ensevelis sous la terre d'un
cimetière, tombent sous l'admirable précision
de l'appareil de Marsh : — la main providentielle d'un chimiste les fait éclater à tous les
yeux sous la forme d'un anneau métallique, ou
de taches de couleur particulière et caractéristiques d'une substance arsenicale.

Les débats de la cour d'assises, en révélant
à tous ce résultat scientifique, ne sauraient trop
mettre en lumière son infaillibilité pour la sécurité publique et pour l'effroi des empoisonneurs.

Il en ressort aussi une grande vérité morale,
c'est que la femme qui, en trahissant tous ses
devoirs, a trop accordé aux sens, n'aura plus
rien à refuser ensuite à leur complète satisfaction ; et que si elle a ouvert à l'adultère la porte
de la maison conjugale, elle est bien près de
l'ouvrir au crime.

Si donc la perversion morale explique de

pareils crimes, il faut bien que les sens aient été les corrupteurs de l'âme, et que l'homme ait perdu en elle le gouvernement de cette maîtresse suprême de la conduite : *Dux et imperator vitæ*, suivant la belle expression de Salluste.

La passion qui mène à ces excès a cela d'effrayant et de curieux en même temps, qu'en augmentant les forces vives de la sensibilité, elle est pour l'intelligence une diminution évidente de lumière, et qu'elle absorbe dans son objet toutes les facultés aux dépens de tout ce qui n'est pas cet objet lui-même : — c'est ce qui faisait dire à David : *Les pensées de mon péché m'absorbent tant, que mon œil ne peut voir autre chose.*

Cet œil, c'est celui de la passion; et ce qui fait le danger, c'est que rempli par elle d'une clarté trop vive, dirigée sur un même point, il ne regarde que le but et ne veut pas voir le chemin criminel qui y conduit.

CHAPITRE XIV.

En voyant les accusations d'infanticide si souvent se reproduire en cour d'assises, comme une sorte de contingent, de tribut périodiquement promis à leurs travaux, on se demande quelle peut être la cause de ce crime qui se commet toujours dans l'ombre, qui déshonore les mœurs de bien des pays et surtout des campagnes; mais qui est devenu très-rare désormais dans les grandes villes. — Il y en a plusieurs assurément; mais la cause principale, dominante et souvent exclusive, c'est la passion personnelle qu'on nomme l'égoïsme.

Sans citer aucun fait particulier, car les affaires de cette nature se ressemblent à peu près toutes, on peut dire cependant, comme observation pratique, comme expérience acquise, qu'il n'en est pas une dans laquelle l'accusée n'ait avec le plus grand soin dissimulé sa grossesse et déclaré ensuite qu'elle était accouchée d'un enfant mort, qu'elle avait pu faire disparaître sans scrupule et sans crime.

Une session d'assises au rôle de laquelle ne figure qu'une seule accusation d'infanticide est presque exceptionnelle. — En mars 1854, dans le Morbihan, nous en avons vu trois qui, par une bien étrange réunion des trois états de la femme, comprenaient une jeune fille, une veuve et une femme mariée.

Toutes les trois, comme par une sorte de concert de situation, déclaraient, malgré l'évidence, être accouchées d'un enfant qui n'avait ni respiré ni vécu : — elles s'étaient prises au même piége d'ignorance; elles ne savaient pas que dans la mort même la science peut trouver la trace de la vie extérieure et révéler, par l'épreuve décisive de la docimasie, la transformation qui s'est opérée à la naissance de l'enfant dans l'organe de la respiration.

Toutes les trois également ajoutaient à ce mensonge si compromettant pour leur véracité, le fait d'une grossesse habilement dissimulée, déniée avec persistance, et d'un accouchement clandestin. — Eh bien, qu'on étudie avec soin toutes les affaires d'infanticide, on trouvera toujours les mêmes phases et les mêmes préoccupations. — Dans les campagnes, le déplacement et l'absence des femmes qui sont enceintes seraient mal interprétés; elles n'ont pas à leur portée les ressources des villes pour dérober leur faute, ni d'asiles hospitaliers pour recevoir l'enfant. — Dans ces conditions, lorsque après avoir caché leur grossesse elles se sont isolées, privées de tout secours, et ont ensuite mis au monde un enfant trouvé mort après avoir vécu et respiré, on peut dire sans témérité qu'elles avaient à l'avance arrêté le projet de le faire disparaître à tout prix, c'est-à-dire par un crime.

L'ancienne législation française ne s'y était pas trompée. — Les édits sur cette matière établissaient des présomptions dont le concours seul constituait contre la mère une preuve légale du meurtre de son enfant. — Il suffisait qu'elle fût convaincue d'avoir caché, *occulté* sa grossesse comme sa délivrance.

C'était trop sévère, trop absolu surtout; mais comme fait de moralité cette rigueur de la loi pénale avait sa raison d'être, et reposait sur des faits d'observation, sur des phases invariablement reproduites devant les tribunaux criminels.

Aujourd'hui, sous une législation plus humaine, dans une voie plus largement ouverte à la conscience des juges, sous un principe de libre arbitre plus complet, ce ne sont plus là des preuves irréfragables, mais seulement des indices, des fils conducteurs sur le chemin de la conviction; des présomptions qu'il faudra corroborer par des preuves plus directes, plus intimes du fait à la fois matériel et intentionnel du crime : — ces preuves sont inhérentes, particulières à chaque affaire, et nous n'avons à indiquer ici que des caractères généraux.

Revenons aux causes morales, objet principal de cette étude sur la criminalité, et à l'état d'une jeune fille et d'une âme de mère dans laquelle a pu naître, germer et se développer l'idée du meurtre de son enfant. — Il faut que le cœur de celle qui s'est laissé pervertir ainsi soit devenu de telle sorte, que le

sacrifice à faire d'une réputation souvent honnête jusque-là, ou d'une personnalité qui s'est
volontairement compromise, pèse bien plus à
son égoïsme que le sang d'une créature innocente ne lui coûte à répandre. — Qu'est-ce donc
que le libertinage, ou le malheur peut-être,
peut faire d'une conscience dans laquelle le
crime pèse moins à commettre que la faute à
avouer ?

Lorsqu'au milieu de ses désordres, certains
signes particuliers, certaines altérations symptomatiques dans sa santé annoncent à cette
femme que la nature n'a pas été en vain solli-
citée et qu'elle va devenir mère, le premier
sentiment qui se manifeste en elle, c'est celui
d'une grande douleur ; — c'est un cri de désespoir qu'elle pousse au lieu du cri de joie qui
s'échappe du cœur de toutes les femmes honnêtes qui se sentent mères pour la première
fois. — Il y a là un sentiment perverti, faussé
à l'origine, et qui est le principe, sinon la cause
déterminante, de tous les crimes d'infanticide.

Dans cet état moral contre nature, elle
maudit sa fécondité : — ce n'est plus alors l'a-

mour, mais une sorte de répulsion, de haine
même qu'il suscite; — ce n'est plus un hôte
attendu avec espérance qu'elle porte dans son
sein, c'est un ennemi de son repos dont elle
suit avec anxiété les développements : — chaque mouvement qu'il fait semble un coup
porté à la réputation de la mère; — de ces
coupables impressions qu'elle nourrit au lieu
de les repousser, comme des suggestions du
mal, il n'y a plus qu'un pas pour déterminer
la volonté à s'en débarrasser par un crime. —
Lorsque la venue d'un enfant mort est aussi
ardemment désirée en secret, comment s'éton-
ner que la main soit si prompte à sacrifier l'enfant vivant? — Avec cette conscience qui s'obli-
tère peu à peu, en rusant avec elle-même, si
l'horreur du crime ne peut s'effacer, elle l'a-
moindrit du moins devant la pensée trop absorbante du salut espéré. — La femme alors
s'incarne cette idée de la destruction lorsqu'elle
en fait pour elle-même une criminelle délivrance; elle se familiarise avec elle et la retrouve jusque dans son sommeil, comme elle
la caresse éveillée; et c'est ainsi que le grand
sentiment de la maternité arrive à se cor-

rompre dans les égoïstes calculs d'une coupable préoccupation.

Telle est, croyons-nous, la marche ténébreuse et lentement insidieuse que font dans le cœur humain les mauvaises passions. — Elles peuvent expliquer, mais ne doivent jamais faire excuser de pareils crimes.

Lorsqu'en cherchant les causes et les preuves morales des infanticides, nous avons fait une si pénible part à la sévérité du juge, nous sommes bien plus à l'aise pour aborder deux questions que le moraliste trouve bien souvent posées dans ces accusations.

Nous avons dit transitoirement, en constatant un fait, sans indiquer sa cause, que ce crime, si fréquent dans les campagnes, était à peu près inconnu dans les villes : — pour qui sait voir et comprendre la corrélation des mœurs et des institutions, cette inégalité dans la criminalité est une conséquence de l'inégalité dans les situations. — Il y a, d'un côté, pour des faiblesses regrettables, des secours organisés, et qui, en sauvant du déshonneur une personnalité fautive, respectent encore au moins les sévérités de l'opinion; de l'autre, il

n'y a nul moyen de couvrir un semblable malheur, même mérité, qui peut tout attendre
d'un repentir sincère pour une réhabilitation
secrète, mais bien peu de l'état de nos mœurs
pour une réhabilitation publique. — La fille
mère n'a guère en perspective qu'un grand
isolement dans la vie, un éternel célibat, un
avenir perdu. — Toute la question des tours
est là jugée en fait : — ils couvrent bien une
faute grave contre l'honnêteté, et c'est là ce
qu'on reproche à leur établissement, comme
une sorte de prime offerte à l'immoralité; mais
ils épargnent un crime, et c'est là le côté de
leur utilité publique, leur élément supérieur
de moralité.

Telle est, en effet, l'anomalie de cette nature
de crime, que s'il est un appât sanglant pour
l'égoïsme d'une fausse situation, il est en même
temps une sorte de sacrifice à l'opinion du
monde; — comme il y a des hôpitaux pour les
plaies des malheureux, il doit y en avoir aussi
pour panser les blessures faites à l'honneur des
familles. — Permettez à la faute de se cacher
à l'abri d'une institution de charité sociale,
elle ne s'abritera plus dans la coupable et

trompeuse sécurité d'un crime contre nature. Mais, dit-on, il y a des abus, des dépenses croissantes! Soit; — ce ne sont là que des considérations d'un ordre secondaire : — ce n'est pas seulement une question financière d'économiste, mais une question humaine de moraliste sincère et de philosophe chrétien. — Augmentez le chiffre du budget départemental, et nous diminuerons celui des statistiques criminelles.

Au lieu de discuter ce qui ne se discute pas, nous aimons mieux placer cette question grave des tours, par son origine et son but, sous la protection de la grande figure évangélique de saint Vincent de Paul, qui n'a acquis sa gloire du ciel et son immortalité de la terre qu'en sauvant de la mort des enfants que leurs mères avaient abandonnés.

Une seconde préoccupation protége quelquefois l'accusée, du moins contre une peine trop sévère, quand c'est une très-jeune fille, et lorsqu'il est bien certain qu'elle n'était pas pervertie. — C'est l'idée d'une autre personnalité, étrangère le plus souvent à la perpétration comme à la conception du crime, mais qui

n'en semble pas moins moralement responsable
aux yeux de l'opinion. — Nous voulons parler
du séducteur, de l'homme qui a abusé de l'âge,
de la faiblesse, de l'ignorance d'une jeune fille,
et qui, après la satisfaction d'une passion,
égoïste aussi de sa nature, l'a laissée ainsi seule
avec elle-même, sans conseil, sans appui, li-
vrée aux mauvaises instigations d'une situation
sans issue et d'un désespoir sans consolation;
— car celui-là seul qui peut faire la réhabilitation est le seul aussi qui la refuse. — A chacun
sans doute sa responsabilité; mais il y aurait
peut-être moins d'infanticides si, comme l'a
essayé la législation prussienne, l'opinion pouvait forcer le séducteur à réparer sa faute.

Cette législation, par une série de précautions aussi ingénieuses que difficiles d'application, en présence du principe d'ordre social
qui interdit la recherche de la paternité, met à
la charge du père présumé de l'enfant une
partie des frais de son entretien, et lui impose
l'obligation de surveiller la grossesse et d'assurer la délivrance contre toute éventuelle
criminalité, sous sa responsabilité personnelle. — Même lorsqu'il est bien établi que la

jeune fille était honnête et qu'elle a été séduite par de trompeuses promesses, la loi en Prusse va, dans cette voie .préventive, jusqu'à lui donner les droits de l'épouse, comme pour légitimer en quelque sorte ·l'enfant qui va naître.

On comprend, tout en rendant hommage aux principes de haute équité morale qui ont dicté à des philosophes législateurs de pareilles dispositions, combien, en voulant protéger la faiblesse, elles profiteraient souvent aux calculs de l'immoralité, et combien elles impliquent de recherches dangereuses, de preuves délicates et souvent impossibles, et de déclarations intéressées.

Nous n'avons cité la loi prussienne que comme indication morale, et ne voulons en tirer qu'une conséquence, c'est que le crime d'infanticide, s'il demande une pénalité sévère, justifie au besoin la mesure de haute équité des circonstances atténuantes.

Il est si fréquent, si facile à commettre, si souvent impuni; il couvre si fréquemment aussi les désordres d'un libertinage éhonté, qu'il doit être un objet constant d'études pour les législateurs.

Le philosophe trouve encore ici un lien étroit entre la faute et le crime, entre les mœurs qui se perdent et les sentiments qui se pervertissent, et il aimerait mieux prévenir que punir.

Pour le juge, si, au milieu des émotions d'un triste spectacle, il ne peut toujours se défendre d'un mouvement de pitié pour quelques-unes de ces jeunes filles, victimes quelquefois des égoïstes passions des hommes, et que le chemin du vice a conduites à la cour d'assises, il ne peut avoir une pitié moins profonde pour ces innocentes petites créatures vouées d'avance à la mort par l'impunité même attachée à ce genre de crime, et qui n'ont de sauvegarde que la sévérité des lois, la vigilance des magistrats et la fermeté du jury.

CHAPITRE XV.

CRIMES DES PÈRES ET MÈRES

COMMIS SUR L'ENFANT LÉGITIME.

A côté de ces infanticides, nous devons placer les crimes bien plus grands commis sur les enfants légitimes par les pères et mères, crimes plus fréquents et moins exceptionnels qu'on ne le suppose généralement.

Un instinct de défense, une loi de protection assurait la perpétuité des espèces animales. — Les brutes les plus sauvages, comme les plus timides, ne sentent point périr en elles, dans le cercle de temps où il est nécessaire, cet instinct providentiel qu'à un degré plus élevé de l'échelle des êtres, on appelle de l'amour, et qui donne même du courage et de l'intelligence à celles qui en sont à peu près dépourvues.

L'homme et la femme, pourvus du libre arbitre, et placés au sommet de cette échelle de l'amour et de la maternité, semblent seuls oublier ces deux grands sentiments, que seuls pourtant ils peuvent comprendre dans toute leur plénitude.

Pour expliquer ce nouvel exemple d'anomalie et de dégénérescence des sentiments naturels, ce n'est pas trop que de joindre à l'égoïsme que nous trouvions tout à l'heure dans l'infanticide les passions de la haine, de la jalousie et de la cupidité.

Malheureusement, il suffit de rappeler d'affligeants souvenirs, de jeter un coup d'œil sur nos annales criminelles, pour y voir des faits qui sembleraient une impossibilité morale, s'ils n'étaient une réalité de tous les jours.

C'est tantôt une veuve empoisonnant ses deux enfants parce qu'ils faisaient obstacle à son mariage avec un jeune militaire qu'elle aimait; — tantôt, aux assises de Paris, une femme dont l'inconduite avait affligé et éloigné son mari, et qui venait de noyer dans la Seine un jeune enfant de six ans parce que sa présence était à la fois un témoin et un embarras pour de honteux désordres.

Les crimes de cette nature, commis pour cause d'égoïsme ou de situation personnelle, ne sont pas les plus nombreux, et ne peuvent nous servir à généraliser nos observations : — ce sont des types qu'il nous faut; des exemples de faits répétés dans nos mœurs, sur une assez grande échelle.

Nous pourrions en citer beaucoup; un seul de même caractère nous suffira pour les résumer tous.

Jean Neveu, journalier laboureur, perdit sa première femme en 1854. — Il se trouva ainsi veuf avec une petite fille de quatre ans qu'il confia d'abord à une nourrice, et qu'il reprit lorsque, l'année suivante, il épousa en secondes noces Jeanne Orieux. — Le malheur entra avec elle dans cette maison; le crime l'y suivit bientôt; et cet homme, d'une intelligence assez bornée, mais d'un caractère faible, devint, sous cette influence, un père dénaturé, puis l'assassin de son enfant.

Au lieu d'une seconde mère, vouée aux soins d'une petite fille si jeune, il lui donna une de ces belles-mères acariâtres de nature, jalouses de caractère et cupides de passion, qui jet-

tent tant de défaveur, de défiance dans l'o-
pinion commune sur les seconds mariages,
et inspirent, à bon droit, tant d'appréhen-
sions; une marâtre enfin dans toute l'acception fatale de ce mot, qui porte en lui une
idée de malheur, de misère, de ruine toujours et de mort bien souvent pour les enfants
du premier lit.

Des violences graves éveillèrent l'attention,
et par une première condamnation à **24** heures
de prison seulement, la femme Neveu fut aver-
tie et rappelée à ses devoirs.

Sa haine, déjà si grande, ne lui permit pas
de comprendre qu'il y avait plus d'intérêt
pour l'enfant que d'indulgence pour elle
dans cette modération du tribunal correc-
tionnel de Nantes. — Ce jugement, au lieu de
l'apaiser, irrita sa haine; et elle finit par la
faire partager à son mari. — Alors commença
pour la petite fille, qui n'avait que six ans
en 1856, une série inouïe de misères et de
mauvais traitements.

On ne la vit plus mêlée aux autres enfants
du village; et dans la maison Neveu, fermée
comme un tombeau où nul ne pouvait plus

pénétrer, quelques plaintes confuses, quelques cris de douleur révélaient seuls l'existence de l'enfant.

Un jour qu'on ne put, comme de coutume, lui refuser la porte, la nourrice qui avait rendu cette enfant dans un état parfait de santé, de fraîcheur et de gaieté même, la retrouva triste, abattue, les traits flétris, les yeux pleurants et presque éteints. — Elle sortit le cœur serré; et quelques jours après, le père priait un voisin d'aller avertir le maire que sa petite fille était morte pendant la nuit.

Ce magistrat, partageant les soupçons des voisins, saisit à l'instant la justice; et au lieu d'une enfant forte et bien constituée pour vivre, on ne trouva, sortant des mains des époux Neveu, qu'un affreux squelette, arrivé au dernier degré d'émaciation et d'appauvrissement musculaire; — tout le tube intestinal était rétréci sur lui-même; et aucun autre aliment que du son brut et grossier n'y avait depuis longtemps pénétré; — l'inanition avait épuisé ses forces et miné son organisme; — bien plus, un lien, serré outre mesure autour du corps, avait tellement marqué, en pénétrant dans les chairs, son sillon circulaire, que les intestins mêmes en étaient ecchymosés; — enfin, d'après les aveux de la femme Neveu, un soir le père tournait autour du lit de l'enfant qui n'avait plus qu'un souffle, et qui le suivait des yeux; Neveu retourna vers sa femme, qui était couchée, en lui disant : *Elle se méfie;* puis il se releva parce que quelques plaintes l'empêchaient de dormir, et courut à l'enfant pour lui serrer la gorge, pendant que Jeanne Orieux lui disait : — *Après tout, c'est ton sang; fais-en ce que tu voudras; mets-lui ton mouchoir sur la bouche pour l'empêcher de crier.* — Le cadavre, en effet, portait des traces de tuméfaction aux lèvres, et de pression au cou.

A ces traits renouvelés plusieurs fois chaque année, qui ne reconnaîtrait ces haines de marâtre, *odiis novercalibus* de Tacite, ces passions désorganisatrices des sentiments les plus vivaces de la nature humaine, et que tout alimente, le bien comme le mal; et plus encore que les défauts de l'enfant du premier lit, ses qualités et ses grâces, qui lui font des racines plus profondes dans l'affection du père, enveniment cette fausse mère qui ne voit qu'un étranger dans le jeune être dont la vie lui est confiée? — Il faut à cette insatiable jalousie de la seconde épouse non-seulement plus de place au foyer, mais la maison tout entière pour le nouveau berceau.

Dans ce but, elle assiége le cœur du père par tous les côtés à la fois; elle exploite ses faiblesses comme ses sévérités, et lorsque, pour rendre plus exclusifs les sentiments récents, le souffle de la haine a passé sur les débris des sentiments anciens, l'enfant rencontre alors deux ennemis au lieu d'un, deux inimitiés qui n'en font plus qu'une seule, acharnée à sa perte: et il y a un grand crime de plus pour la famille, comme pour l'histoire des passions.

L'avarice du père est souvent aussi fatale à l'enfant que la haine de la marâtre; — surtout si elle prend ce caractère sordide, étroit, misérable, qui fait taire la voix des nécessités présentes devant les besoins chimériques de l'avenir. — L'avarice, cette passion des âmes basses, des hommes faibles, des esprits pusilla- nimes, est peut-être l'épreuve où les caractères humains subissent le plus de dégradations, avec le moins de ressorts pour se relever.

L'avare, qu'il soit riche ou pauvre, est la première victime de cette perversion du sentiment de la propriété, de cette infirmité morale qui sacrifie le présent à un avenir qui n'arrivera jamais : — s'il est riche, il entasse des biens dont il ne jouira pas ; par les privations qu'il s'impose, il se fait souffrir, et nul ne le plaint de sa propre punition ; mais s'il fait souffrir les autres en les enfermant avec lui dans ce cercle étroit, il n'ira pas du moins jusqu'à tarir sur leurs lèvres les sources alimentaires de la vie. — S'il est pauvre, il n'en est plus ainsi, lorsque sa cupidité s'étend, dans les campagnes surtout, aux objets mêmes de consommation journalière, aux choses absolument indispensables à l'existence de la famille. — Il suit d'un œil avide le pain qui diminue dans la main des enfants, et en arrive à regarder comme une calamité les dépenses qu'entraînent les obligations les plus sacrées. — L'avarice, à ce point, est une passion sans frein qui ne connaît plus d'obstacle à sa satisfaction.

C'est cet homme qui, voyant qu'une petite fille chétive, maladive et constamment alitée, absorbait, pour les soins qu'exigeait son état, tous les instants que sa femme aurait consacrés sans elle à un travail lucratif, l'étouffa en disant : *Elle nous aurait ruinés.* — Puis cet autre qui sacrifia, comme une bouche inutile, un pauvre enfant idiot.

Louis Ollivier, des assises de la Charente, offre le sujet d'une bien curieuse étude sur la cupidité : — père de deux garçons, il devint furieux à une troisième grossesse de sa femme qui lui apportait, disait-il, un enfant de trop pour leurs ressources. — Il accueillit sa naissance avec une grande colère, puis sa mort, qui suivit de près, avec une joie sinistre ; la nature, pour lui épargner un crime, sembla ven r en aide à sa passion, qui se ranima de nouveau sur un quatrième enfant, et il l'étouffa dans son berceau pour ne pas augmenter les charges de son ménage.

Enfin, chose plus étrange encore, un père a tué en même temps ses deux enfants jumeaux. Savez-vous pourquoi ? — Pour que sa femme pût prendre un riche nourrisson et tirer de son lait un profit sacrilége. — Nous ne connaissons pas un pareil exemple de criminelle cupidité.

Il est d'autres passions que cette attache exclusive des biens, que cette idolâtrie des choses matérielles, pour dénaturer le caractère des mères, pour altérer à leur source même ces tendresses infinies, ces richesses de cœur qui, comme le pain du miracle, se partagent sans s'épuiser.

Qui n'a pas été témoin, dans quelques intérieurs, des inégalités de condition et de bien-être que l'on fait aux enfants d'une commune origine, et de cette sorte de droit d'aînesse moral qui déshérite les uns pour enrichir les autres de toute l'affection des parents?

Ce sont, d'un côté, des tendresses complaisantes, des caresses qui attirent; de l'autre, d'impatientes sévérités, des rudesses qui repoussent : — le cœur se gâte par la persévérance dans une faute grave, par ce manquement à un devoir rigoureux, et l'esprit s'aigrit ensuite, même des tristesses qu'il cause, des chagrins qu'il amène. — Une fois sur cette pente, on ne s'arrête plus dans l'injustice, on va jusqu'à la haine.

Nous avons connu une femme qui, de ses quatre enfants, ne pouvait supporter que le premier et le troisième. — Le dernier, qui était une petite fille, était surtout l'objet de cette étrange aversion : — pour répondre aux besoins du premier âge, à ses pleurs qui accusaient une souffrance, elle la frappait horriblement dans son berceau, et des voisins l'ont entendue s'écrier dans sa colère : *Je te ferai tant de misères que tu en crèveras.*

Des chagrins de fortune ayant concouru avec ces dispositions maladives à miner l'existence de cette femme, on voulut présenter à son lit d'agonie les deux enfants qui lui étaient particulièrement odieux : Otez de mes yeux ces deux monstres, s'écria-t-elle; et la mort la surprit sans qu'elle eût recouvré ses sentiments de mère.

Une autre, qu'attendait depuis longtemps la cour d'assises, offre un type de femme autrement caractérisé : — mère d'une petite fille fort belle, elle avait bruyamment concentré sur elle tous les intérêts, comme tous les sentiments de la famille; mais cette affection même avait un caractère trop exclusif, pour ne pas accuser un vice de l'esprit plutôt que révéler une qualité naturelle du cœur.

Au lieu de la calme et digne sérénité de l'amour maternel, on sentait là un sentiment suspect, par la violence constante de son expression, une ostentation de dévouement, des expansions de tendresse prodiguées à contre-sens et indiquant l'empreinte d'une passion étrangère.

L'exagération est la pierre de touche infaillible dans le domaine des sentiments comme dans l'ordre des systèmes dont elle fait mieux ressortir la nature et la fausseté. — Comme elle se montrait dans toutes les actions, dans toutes les paroles qui avaient la jeune fille pour objet, on y sentait un immense orgueil ou une puérile vanité : — l'amour maternel n'avait fait que s'asservir à deux de nos passions les plus mauvaises conseillères.

Cette femme avait fait de sa fille une idole dont elle prétendait imposer l'admiration à tous, en la parant d'extravagantes toilettes ; — elle voulait que partout on la dît la plus belle du bourg, qu'on l'appelât l'héritière, et son jaloux orgueil poursuivait les jeunes filles du même âge qui lui disputaient les premiers prix à l'école comme la première place au catéchisme.

Il y avait en elle quelque chose de cet orgueil des vieilles castes qui détruisait la famille, sous prétexte de l'organiser plus fortement.

Pourtant la mort avait déjà passé six fois sur cette maison. — Six enfants étaient morts dans les premiers jours ou dans les premiers mois de leur naissance. — Une huitième grossesse devint ostensible; une voisine en plaisanta la petite fille, en lui disant : *Eh bien, tu ne seras plus l'héritière! — Je ne m'en inquiète pas*, répondit-elle, *ma mère me débarrassera de celui-ci comme des autres.*

Ce propos fut remarqué, recueilli et répété.

La mère eut une couche heureuse; mais l'enfant mourut encore au bout de quelques jours. — Cette fois l'opinion s'émut; la justice intervint et se convainquit que les sept enfants de cette femme avaient péri par le poison, sacrifiés à l'idée orgueilleuse de n'avoir qu'une riche et unique héritière. — L'étrange naïveté de la fille avait dévoilé les secrets de cette âme de mère.

Si quelque chose d'humain a pu renaître en elle, au moment de se réconcilier avec Dieu, à l'heure suprême du repentir et de l'expiation, elle a dû répéter ces paroles de la voix gémissante de saint Luc : — *Heureuses les femmes stériles ! heureuses les entrailles qui n'ont point enfanté, les mamelles qui n'ont point allaité !*

Les autres, les vraies mères, assisteront sans les comprendre à de semblables spectacles; elles serreront leurs enfants plus près d'elles, d'un mouvement instinctif de défense et de protection; — elles auront pour eux un dévouement plus entier, une tendresse plus également partagée encore si c'est possible. — Il faut que, continuant les traditions de respect, d'amour, de foi des anciens âges, la paternité, par ses sentiments si profonds, si désintéressés, soit toujours la première image sous laquelle les enfants au berceau se représentent Dieu sur la terre.

Telle est la moralité générale des crimes de cette nature, et qui ressort d'elle-même de leur démonstration.

Quant à la cour d'assises, lorsqu'elle est appelée à les examiner, à les juger et à les punir, elle remarque dans la foule qui en suit les détails une grande stupéfaction, parce qu'ils blessent en elle des sentiments naturels encore plus que des instincts de justice.

Les passions qui produisent de pareils forfaits paraissent plus redoutables. — La loi qui punit le meurtre prend des proportions plus grandes; les principes qu'elle protége reçoivent une atteinte plus profonde, et imposent par là aux juges une plus implacable sévérité.

CHAPITRE XVI.

Sous ce titre nous comprenons, dans notre pensée, toutes les attaques à la personne au point de vue des mœurs, c'est-à-dire le viol comme l'attentat à la pudeur proprement dit, nous occupant plutôt de considérations morales, de recherches philosophiques, que des caractères particuliers de chacun de ces crimes.

La loi, qui se montre une si énergique protectrice du droit de propriété et de l'inviolabilité de la vie, ne pouvait pas veiller avec moins de sollicitude sur la pureté des mœurs, sur l'intégrité virginale de la personne.

Quand il s'agit d'une jeune fille et d'un enfant du premier âge, sa protection redouble, et la loi alors a des sévérités que tous les honnêtes gens, les pères de famille surtout, bénissent dans leur âme, et que les magistrats doivent appliquer sans pitié.

Les législateurs savaient bien quel spectacle affligeant allaient donner aux cours d'assises des passions brutales d'autant plus redoutables que les victimes auraient moins de défense dans leur isolement, et les débauchés plus de ruse ou d'audace dans leurs attentats.

Exclusivement sensuelles, ces passions tiennent bien plus aux exigences factices d'une imagination pervertie qu'aux stimulants naturels, à la démoralisation de l'esprit qu'aux abus mêmes des organes génitaux.

Ces sensations perverties conduisent à un état hors nature, à un paroxysme de passion quelquefois dont la personnification se trouve tout entière dans cette impératrice romaine qu'on ne désigne plus sans honte que par la qualification de Juvénal : — *Lassata, necdum satiata.*

Les accusations de cette nature se multiplïent d'une manière alarmante pour les mœurs de la jeune génération, et bien souvent occupent le tiers et même la moitié du

rôle de chaque assise, et c'est une douloureuse nécessité qui fait s'établir un débat
entre des jeunes filles, des enfants innocents, et
des hommes débauchés, des vieillards la plupart
du temps, sur des faits si honteux que nous y
retrouvons des turpitudes vieilles comme la
corruption des plus mauvaises époques de
l'humanité, et dont les roches de Caprée gar-
dent encore la souillure après dix-huit cents
ans.

Pour bien comprendre à quels excès peut
entraîner le libertinage, il faut unir, par la
pensée, le sensualisme du corps et la perversité
de l'imagination, qui se tiennent alors par un
lien de chair, comme deux frères siamois du
vice, ennemis de toute pudeur et de toute innocence.

— Qu'est-ce donc que la pudeur?
— C'est un sentiment de délicatesse inné de
l'âme qui nous porte à rougir de tout ce qui est
déshonnête et honteux en soi; — c'est un instinct de pureté originelle et de dignité personnelle.

Tout ce qui blesse ce sentiment, cet instinct,

est un outrage, ou un attentat à la pudeur : —
outrage, lorsqu'elle n'est offensée qu'à distance
par la vue d'un acte honteux ou d'un geste
indécent; — attentat, quand c'est le corps lui-
même qui est atteint par un contact impur.

Ici, la loi fait une distinction salutaire, et
qui comble une lacune du Code de 1810. —
Lorsqu'elle suppose que la pudeur est éveillée,
à l'âge d'une expérience qu'elle a pensé suffisante, au moment où l'on est censé connaître
le but d'une passion sensuelle, la loi confie le
soin de sa défense personnelle à la femme ou à
l'enfant qui s'en trouve l'objet, et elle leur dit:
— « Vous savez ce qu'on vous veut; vous con-
» naissez le but : défendez-vous; je ferai respec-
» ter cette opposition à un acte répréhensible! »

Si, malgré la résistance d'une pudeur qui se
révolte, d'une dignité qui s'offense et proteste,
il y a persistance dans l'attaque et l'emploi de
la force, ce fait constitue l'attentat à la pudeur
dont la violence est l'élément constitutif.

Onze ans est la limite au delà de laquelle
cette circonstance de violence est nécessaire : —
une pareille fiction légale a paru dangereuse;
on n'y a pas trouvé une suffisante garantie pour

des jeunes filles trop peu développées, trop innocentes pour que leur intelligence fût assez éveillée sur ces points délicats, ni une barrière assez haute contre le vice, auquel serait offerte une chance trop grande d'impunité.

Nous pensons qu'avec des cœurs honnêtes, des hommes de sens et d'expérience, ce danger, qui a bien souvent sa raison d'être, sera rarement à craindre; mais à une condition. — Le mot violence ne peut avoir, en semblable matière, qu'un sens relatif; car il exprime l'idée d'un acte, quel qu'il soit, accompli contre la volonté. — Qu'une femme soit plongée dans un profond sommeil, naturel ou provoqué par un narcotique, ou qu'une jeune fille soit tellement innocente qu'elle n'oppose qu'une défense incomplète, le crime sera le même, sans quoi la loi serait trop souvent impuissante à protéger les bonnes mœurs : — aussi faut-il s'entendre sur ce mot : *résistance*. — Elle doit être relative aux personnes tout aussi bien qu'aux circonstances; on ne peut demander, par exemple, à une enfant de onze ans à peine accomplis et qui n'est pas même nubile, la défense énergique d'une femme qui a l'expérience de la vie

et la pleine connaissance du but qu'on se pro-
pose, et qu'on poursuit quelquefois avec tant
d'emportement. — Lorsque la résistance est nécessaire, on ne peut la trouver aussi complète
chez une petite fille, paralysée par la frayeur,
que chez la femme courageuse qui se possède.

La force qui se défend doit être proportionnée
à la force qui attaque, parce que, encore une
fois, il suffit d'un effort employé contre la volonté.—Il faut de la force pour briser un roseau,
comme pour rompre un bâton ; c'est une simple
différence d'intensité. — Le bon sens du jury et
la moralité publique ne peuvent être en diver-
gence sur cette délicate question de philosophie
judiciaire.

La loi napolitaine a plus de prévoyance encore que la nôtre : — elle déclare qu'il existe
des présomptions légales de violence dans l'attentat : 1° si la victime n'a pas 12 ans ; 2° si l'on
a employé la ruse ou l'artifice ; 3° si c'est un
tuteur, instituteur ou directeur qui a abusé de
cette autorité sur une personne de moins de 16
ans ; 4° si elle a été confiée à leur garde. — Il
est à regretter que notre Code pénal, qui fait

cependant une circonstance aggravante de l'autorité, n'aille pas jusque-là.

Il est bien plus explicitement protecteur des enfants de moins de onze ans. — Là point de condition ; cette disposition, de grande moralité, n'a plus seulement des sévérités pour la violence qui impose ses turpitudes à la faiblesse ; elle va bien plus loin et bien plus haut ; elle dit à l'homme dépravé : Respect, sous peine d'un châtiment, à l'enfance qui ignore !

L'enfant ne résiste pas, parce qu'il n'est pas en garde contre des actes dont il ne comprend pas la nature flétrissante ; — il est trop facile de surprendre sa curiosité sans alarmer sa conscience. — Comme son ignorance se livre, sans défense possible, à des entreprises dont il ne connaît ni le but sensuel, ni le caractère immoral, comme sa pudeur n'est pas née encore, la loi fait un crime de toute action impudique à laquelle on fait participer un enfant, même de son consentement : — c'est la loi qui rougit, et qui a de la pudeur pour lui ; — c'est en cela qu'elle est morale, spiritualiste surtout ; car c'est la contagion du mal, l'empoisonnement moral, l'inoculation du vice dont elle a voulu faire un crime.

Indépendamment de l'intérêt tout exceptionnel qui s'attache à la punition de ces attentats, nous nous sommes toujours préoccupé de la situation de ces enfants, de ces jeunes victimes de passions qui ne peuvent être les leurs, de sensations que leur âge ne leur permet pas de partager, et qui sont appelés à s'expliquer sur de pareils détails, devant des hommes assemblés. — N'est-ce pas là, pour leur pensée, une souillure renouvelée de celle qu'ils ont reçue dans leur personne? — Lorsqu'ils ont tant besoin d'oublier, il leur faut rappeler, comme témoins, les choses mêmes qu'ils ont subies comme victimes. — C'est en quelque sorte le crime commis contre eux qui se continue en cour d'assises; et s'ils ont reçu dans leur âme une de ces atteintes qui ne s'effacent pas; si surtout un acquittement contre l'évidence des faits venait troubler en eux les notions si confuses encore du bien et du mal, leur avenir peut-être en serait compromis. — Cette double flétrissure que la nécessité de la répression leur impose ne doit-elle pas doubler aussi aux yeux du juge la criminalité de l'action ?

Que sera-ce donc si ce n'est pas seulement la pudeur qui a été offensée; si l'atteinte est plus profonde; si le mal est plus grand; si c'est le viol lui-même qui a été commis ! — Pour répondre une fois de plus au reproche de matérialisme injustement adressé au Code pénal, il nous suffit de rappeler ces belles paroles de l'exposé des motifs : « Le plus grand des atten- » tats qui puisse outrager les mœurs est celui » qui emploie la force et l'audace contre la fai- » blesse et la pudeur; qui anéantit la liberté » dans son plus doux exercice; qui imprime à » la vertu la tache du déshonneur, et rend la » personne complice, bien que le cœur reste » innocent. » — Il y a là une grande pensée, aussi heureuse dans sa forme que profonde dans son sens moral et philosophique.

Aussi la moralité publique et la philosophie ne demandent pas seulement à la justice de convaincre un coupable, d'effrayer ses imitateurs par l'exemple d'un grand châtiment, mais de purifier sa victime. — Il y a là plus

qu'un crime contre la loi : il y a la souillure
d'une chose sainte et sacrée, l'innocence d'une
jeune fille ; il y a plus qu'un malfaiteur ordinaire : il y a un profanateur, un homme qui,
connaissant tous les secrets du vice, en impose
à la beauté dans sa fleur le stigmate infamant.

Elle est désormais perdue par un crime qui
n'est pas le sien ; et, vierge encore devant Dieu,
elle ne l'est plus devant les hommes. — La
justice ne peut plus qu'une chose pour elle, et
pour son avenir moral : c'est que, par l'effet
d'un arrêt sans atténuation contre celui qui
a été sans pitié, à la place de l'idée du mal
qu'on a mise en elle, puisse se substituer et
se perpétuer en elle aussi l'image d'une grande
peine attachée à un grand crime.

CHAPITRE XVII.

VOL.

Nous ne croyons pas que pour cette étude il soit nécessaire d'entrer dans les détails des différents vols, ni de suivre les classifications de la loi pénale. — Pour la morale, comme pour la philosophie judiciaire, le vol est la soustraction frauduleuse de la chose d'autrui; et cette définition doit pour nous non-seulement comprendre l'appropriation directe de cette chose, la mainmise sur un objet présent et actuel, mais encore s'étendre à tous les moyens indirects, détournés quelquefois, éloignés souvent, qui doivent conduire au même résultat. — Ainsi, le faux testament, c'est le vol d'un héritage, détourné de sa dévolution légitime; — la banqueroute frauduleuse, le vol du gage commun de tous les créanciers; — la fausse monnaie, le vol pratiqué par la fabrication ou par l'échange d'une valeur frauduleusement apparente, contre une valeur réelle ; — l'extorsion de signature, un vol avec violence ; — le fond, le but est toujours le même ; et les faits accomplis plus ou moins prochainement qui réalisent des projets de spoliation viennent se fondre et se concentrer moralement dans une cause, une passion commune, la convoitise du bien d'autrui.

La propriété est, aux mains de son légitime possesseur, ou le lien d'une génération à l'autre, ou la récompense de l'intelligence qui crée ou du travail qui développe cette création ; — c'est ce principe moral et providentiel dans son origine, social et conservateur dans sa tradition, qui a donné au vol son caractère de criminalité.

Un homme a façonné pour son usage un objet matériel, ou fabriqué par son industrie des instruments d'utilité plus générale. — Un autre, pour sa subsistance et celle de sa famille, a fait produire des fruits à la terre, ou tiré de ses entrailles un métal qu'il a destiné à l'industrie, ou fondu et frappé en monnaie, comme un moyen d'échange, pour représenter les richesses de toute nature propres à chaque pays; — puis, à côté de ceux-là, il s'en est trouvé d'autres qui ont jeté un regard d'envie ou de convoitise sur tous ces objets de légitime possession, et qui ont préféré l'oisiveté au travail, la paresse qui engourdit les facultés intellectuelles à l'activité qui les développe; et leur avidité a trouvé plus commode de s'approprier ces biens par la ruse, ou de s'en emparer par la violence, que de les acquérir par le travail.

Le premier voleur a dû être un paresseux; — le premier vagabond, un oisif; — le vagabond est d'ordinaire un homme qui n'a pu s'habituer à une vie régulière, à une discipline quelconque de la famille ou de la société : — la misère souvent, des infirmités quelquefois, la paresse toujours lui font abandonner son pays pour aller demander sa subsistance au hasard, à l'aventure.

Le mendiant alors, l'*homo improbe* de la loi napolitaine, double le vagabond, le *vagus* d'Horace; ces deux qualifications en lui sont devenues inséparables et d'une nécessité fatale; et il promène au loin une oisivité volontairement indigente, qui est aussi funeste pour sa moralité que dangereuse pour la sécurité des autres. — Il aura moins à rougir devant des étrangers qu'aux yeux de ceux qui le connaissent; il sera plus entreprenant dans les lieux éloignés, qu'en vue de son clocher qui lui impose encore peut-être. — La main qui s'est refusée à la charrue ou à l'atelier pour se tendre à la charité publique, pourra-t-elle se conserver pure et longtemps scrupuleuse? — Ce malheureux est déjà fatalement engagé dans la route du vol; il ne lui faut qu'une occasion; il la fera naître au besoin.

Les laboureurs qui ne peuvent avoir un personnel suffisant pour garder leur maison isolée, aux heures du travail comme aux heures des exercices du culte, trouvent bien souvent, en rentrant chez eux pour le repas ou le repos, leur porte forcée, leurs armoires brisées; et le fruit de leurs économies, le produit d'un long travail, le prix de leur ferme peut-être, a tout entier disparu. — Leur première pensée se porte sur le vagabond à figure sinistre qu'ils ont vu s'arrêter la veille, et jeter un regard curieux dans l'intérieur de la maison.

Quelquefois cependant, à de certains indices qui, rassemblés avec intelligence par les magistrats, deviennent ensuite des preuves, on rencontre la main d'un homme mal famé du voisinage, ou celle d'un autre, honnête jusque-là, du moins en apparence, et qu'un besoin exagéré du moment ou une tentation de vieille date a entraîné au vol.

Certainement, dans un temps de chômage, de travaux ou de disette publique, ou de cherté anormale des subsistances, en cherchant la cause des vols plus nombreux commis pendant l'hiver, on trouve la misère, et les cours d'assises ont alors une part à faire peut-être à la pitié dans l'application de la peine.

Au fond de cette misère, il y a quelquefois une honnêteté qui a lutté avant de succomber, un courage qui s'est usé à la souffrance; mais le plus souvent l'inconduite du mari, le désordre de la femme, la paresse de tous deux; et c'est le vin du cabaret qui a manqué à la débauche, plutôt que le pain à la faim des enfants.

Le code prussien établit un degré différent de pénalité suivant que le vol a été commandé à la volonté perverse par une pure convoitise ou par un besoin réel; mais il n'est plus besoin de cette distinction qui affaiblit les principes, en présence du grand développement qu'ont pris les entreprises agricoles et les établissements industriels qui ont du travail pour tous.

Puisée aux sources françaises, la législation napolitaine s'est montrée ici plus sévère que la nôtre, et par là aussi plus prévoyante : — elle a attaché une circonstance aggravante au vol commis dans les campagnes et dans la maison isolée du laboureur. — Elle a voulu par là, avec une grande sollicitude, une entière évidence de raison, protéger l'abandon de la maison des champs pour le travail de la culture, comme elle a protégé, contre le vol commis dans les églises, la solitude des temples et le recueillement de la prière. — Elle a été en cela philosophique et religieuse en même temps.

Pour le vol d'église, la loi française n'a pas été ainsi exceptionnelle; elle a assimilé la maison de Dieu à la maison des hommes. — La consécration au culte ne devient une circonstance aggravante qu'autant qu'elle est accompagnée, comme pour l'édifice habité, de la circonstance de nuit ou de réunion. — Il en est de même de l'escalade et de l'effraction.

Pourtant, parmi les crimes de vol, s'il en est un qui afflige, scandalise et soulève d'indignation les populations religieuses des campagnes surtout, c'est le vol d'église. — Pieuses et honnêtes, leur piété et leur honnêteté sont blessées du même coup, atteintes dans quelque chose de plus élevé, de plus intime que la probité, et qui touche à la conscience et à la foi.

Elles ne peuvent pas comprendre que les objets de leur vénération et de leur culte excitent la convoitise, et que ce qui fait leur sauvegarde et leur consolation devienne pour d'autres une cause de criminalité. — Il faut en effet une perversité plus grande, une oblitération plus complète du sens moral pour concevoir et pour exécuter de pareils vols. — Ce ne sont pas les fermetures des portes qu'il a brisées, les barreaux de fer des croisées qu'il a déplacés violemment, qui devraient arrêter un malfaiteur; c'est la sainteté du lieu, c'est l'écho de ces voûtes qui n'avait jusque-là répété que des hymnes sacrés, des vœux et des prières; c'est le respect de la croyance de tous.

L'un des crimes de vol qui revient le plus souvent devant les cours d'assises, c'est le vol domestique, commis surtout dans les campagnes. — La misère ici ne peut plus être même alléguée : — il y a pour l'homme de service une condition acquise, une existence assurée, et pour la conserver, il ne lui faut que de la conduite et de la probité, mais les passions en ordonnent autrement. — Lorsque l'on presse un peu toutes ces accusations, si c'est une servante qui a volé sa maîtresse, on est sûr de trouver pour mobile un goût exagéré de la parure, une vanité personnelle qui, par la toilette, a voulu se satisfaire ; si c'est un domestique qui a volé son maître, il y a une dette de cabaret à acquitter, des habitudes de débauche et d'ivrognerie qu'il ne veut pas abandonner, et qui ne trouvent plus dans ses gages, dans le prix légitime de son travail, un aliment suffisant.

Si les passions sont habiles dans leurs moyens, elles sont aveugles dans leur satisfaction ; elles ne savent pas attendre avec prudence ce qu'elles ont désiré avec avidité : — des dépenses de toilette ou de cabaret subitement exagérées,

sans rapport possible avec les ressources, décèlent à l'instant le serviteur infidèle.

C'est là, en étendant à bien d'autres mobiles
le vol domestique, le résultat affligeant de la
domesticité nouvelle, qui, bien plus que celle
d'autrefois, par la mobilité même de ses évolu-
tions, fait prédominer sur l'attachement à ses
maîtres, les idées d'ambition et l'amour du
gain qui a pénétré toutes les classes, pour les
démoraliser.

Les anciens domestiques, ces bons serviteurs
que nous avons tous connus dans notre enfance, si nous sommes nés avec ce siècle, faisaient en quelque sorte partie de la famille;
— ils entraient jeunes dans la maison, et y
mouraient toujours; ils lui étaient attachés
par la reconnaissance autant que par l'affection; et soignant les vieillards ou berçant les
enfants, leur dévouement faisait aussi autant
que leur travail partie de leurs devoirs. — Ne
se créant aucun avenir en dehors de ce cercle,
choisi d'une part et accepté de l'autre, la fixité
même de leur vie en faisait l'honnêteté.

Ces vertus de la domesticité sont parties
avec les vieilles mœurs patriarcales de la fa-

mille, et lorsque ce lien, de confiance d'un côté, de dévouement de l'autre, est désormais bien relâché, sinon brisé, si la loi n'est pas sévère dans son texte, les juges bien fermes dans son application, qui donc quittera son domicile avec sécurité? — On se garde des voleurs du dehors; mais quelle précaution pourra vous garantir du voleur du dedans auquel dans la maison tout est livré par la nécessité des choses et la force des habitudes?

Nous trouvons encore la solidarité du vice et de l'improbité, le lien intime de la passion et du crime, cet enchaînement fatal des causes et des effets, dans des soustractions frauduleuses de nature analogue, mais plus grave, et qui se sont développées depuis assez long-temps déjà avec le luxe et le relâchement des mœurs dans les grandes villes : — abusant aussi d'une confiance obligée, un commis infidèle a forcé la caisse de son patron, ou violé le dépôt qu'il devait garder; — un employé des postes chargé du classement des lettres, confiées encore plus à son honneur qu'à son intelligence, en a violé le secret, pour s'en approprier les valeurs ; — un caissier, un comptable a falsifié ses livres, pour masquer des détournements ou dissimuler des recettes. — Eh bien ! fouillez leur vie comme vous avez instruit les faits qui leur sont reprochés ; ces vols, les plus déshonorants de tous, se sont trop reproduits pour qu'on ne les ait pas étudiés à leur source ; allez tout droit à la cause, et vous trouverez toujours chez ces commis, employés ou dépositaires infidèles, une situation morale déplorable, la passion du jeu ou la passion des femmes, de honteuses habitudes, de grands désordres de conduite ; et bien souvent aussi de somptueuses vanités, des caprices de toilette ou des exigences de luxe dans la femme galante et prodigue à laquelle ils se sont asservis.

Si le respect du nom du père, les traditions de famille, les relations de société avaient déjà péri dans ces honteuses faiblesses, comment le devoir qui commande et la fonction qui oblige n'auraient-ils pas été sacrifiés à la voix mauvaise conseillère de la passion ? — Ce qu'on n'eût pas fait peut-être pour un besoin personnel, on ne le refuse pas aux ruineuses fantaisies de la courtisane. — Le pain de chaque jour aura moins d'exigence que le vin de l'orgie, et les nécessités de la famille que les superfluités des relations illégitimes.

C'est ainsi que les caractères s'altèrent avec les mœurs, les sentiments avec les passions.

Les vols sur les chemins publics sont assez fréquents, et plus d'un citoyen a payé de sa vie son imprudence de voyageur isolé, dans certaines contrées, lorsqu'à la suite d'une recette ou d'une vente importante, d'un encaissement prévu, il porte sur lui des valeurs. — Cependant la loi est si sévère surtout quand les violences ont laissé des traces de blessure ou de contusion, que depuis quelques années, dans les campagnes, les malfaiteurs attaquent de préférence les ivrognes attardés dans les cabarets et qui reviennent la nuit des marchés de bestiaux. — Un voleur ordinaire, ou à son coup d'essai, qui aurait reculé devant un vol de grand chemin, s'il avait fallu verser le sang ou employer une grande violence, semble se faire un bien moindre scrupule, en profitant d'un vice qui diminue la résistance, facilite le vol et semble promettre l'impunité.

Les vols commis dans les grandes villes ont un autre caractère. — Les simples voleurs d'occasion sont les moins à craindre; ils ne vont presque jamais au delà de l'objet qu'ils ont en vue, et reculeraient devant le vol pour lequel il faudrait tuer un homme et jouer leur existence. — Si l'audace leur manque, il leur reste la ruse; ils se contentent alors de dépouiller les étalagistes ou les curieux empressés de la foule, avec une dextérité de main qui n'a d'égale que celle des escrocs des tables de jeu, et qui leur eût mérité les honneurs de cette étrange tradition de Lacédémone qui mettait l'intelligence au-dessus de la probité, et qui pèse peut-être encore sur celle qui donne le nom de grecs aux escrocs et aux filous les plus adroits.

Si dans les grandes villes la propriété est mieux défendue, les tentations sont plus fortes, les vices plus exigeants pour leur satisfaction. — Si les caisses des banques et des comptoirs, si les grands magasins de luxe ou d'orfévrerie où tant de richesses, visibles à l'œil, se trouvent réunies dans un petit espace, sont l'objet d'une plus active surveillance, l'audace des malfaiteurs n'en sera que plus excitée, leurs moyens plus ingénieux ou plus violents, leur action plus redoutable.

Que la convoitise soit ardente et la perversité sans scrupule, la vie des possesseurs n'est pas moins exposée que leur fortune. — L'arme qui sert pour l'exécution même du vol est bien souvent un instrument de meurtre; et c'est ainsi que l'homicide se lie fatalement à la soustraction frauduleuse.

Ces voleurs dangereux, ce sont les hommes d'énergie et de volonté dans le mal, que des passions violentes ont déclassés, que des condamnations graves ont déjà frappés. — Leurs vices honteux ont été une affliction pour leur famille, avant de devenir une menace pour la société; et ils sont en dehors de toute voie régulière comme de tous moyens légitimes d'existence.

C'est aux abords des grandes villes, dans la banlieue de Paris surtout, que des hommes de cette trempe ne reculent pas devant le sacrifice de la personne volée, afin de se mieux ménager des chances d'impunité.

Une pauvre fille de campagne, s'en retournant un peu tard de Paris, s'arrêta un moment aux barrières pour faire la monnaie d'une pièce de cinq francs; elle fut aperçue par un homme qui la suivit sur la route, s'approcha d'elle sous le prétexte de lui demander l'heure, et lui brisa la tête pour lui voler ses cinq francs de monnaie. — C'était un forçat libéré qui en avait besoin pour payer une nuit de débauche.

Comme l'oisiveté de ces misérables a diminué leurs ressources, à mesure que leurs habitudes de désordre augmentaient leurs besoins, le crime est devenu une sorte de nécessité de position.

L'homme qui tue par haine ou par jalousie, pour une offense personnelle ou pour exercer une vengeance, n'est menaçant que pour une seule existence.

— Un seul citoyen est alors en danger.

— Mais celui qui tue pour voler, détruire un obstacle ou supprimer un témoin du vol, est une menace incessante pour tous ceux qui possèdent. — C'est la société tout entière qui est en péril.

Sur les 2,500 accusations de vol qualifié qui se jugent chaque année, en moyenne, devant les cours d'assises, la majeure partie n'a point cette gravité; mais indépendamment des peines infamantes qui entraînent un bannissement perpétuel du sol de la patrie, le vol porte en lui-même une moralité générale, non-seulement pour les condamnés qui doivent reparaître après un temps limité d'expiation, mais encore pour ceux qui, faute de preuves suffisantes, ont échappé à toute condamnation. — L'homme qui a souillé sa main dans le trésor d'autrui, ne reprendra plus l'outil du travailleur; le courage à venir dont il aura besoin s'est éteint d'un seul coup dans l'audace d'un jour, et riche relativement après son vol, il se trouvera le lendemain plus pauvre que la veille. — L'or dérobé ne profitera qu'à ses vices; il a tué en lui toutes les nobles sources : non-seulement la probité qui donne la considération, la confiance nécessaire aux relations qui font vivre; mais le goût de l'ordre et du travail qui seul pourrait le soutenir contre les épreuves qui lui restent à subir.

La flétrissure de la peine n'atteindra pas seulement le malfaiteur; il faut que le produit du vol devienne stérile entre ses mains. — Qu'il soit comme cet or dérobé à Toulouse, dans le pillage d'un temple, par la cupidité sacrilége du consul Quintus Cœpion, et qui porta malheur à tous ceux qui le touchèrent. — Toutes ses troupes périrent; et lui-même, à son retour à Rome, il fut condamné par le peuple et mourut en exil. — *Il a de l'or de Toulouse*, disait-on dans la suite de tout homme frappé d'un malheur mérité.

Il faut donc qu'il y ait autre chose que la honte publique, que la punition de la loi, qui atteigne le vol, pour que la réparation morale et philosophique du mal soit complète. — Il faut que cette punition ne soit pas seulement la sauvegarde du grand principe de la propriété, mais la consécration de la grande loi du travail.

CHAPITRE XVIII.

En examinant avec attention l'histoire des législations successives·en matière d'incendie, on voit qu'elles représentent assez fidèlement les mœurs, les habitudes, les besoins et le degré de civilisation des époques et des peuples. — Ainsi, pour·indiquer en quelques traits plusieurs phases bien tranchées, nous trouvons d'abord la loi de Moïse qui ne voyait dans l'incendie qu'un simple dommage qu'elle condamnait à réparer; puis la loi des Douze Tables qui punissait de la peine du talion, c'est-à-dire du supplice du feu, l'auteur des incendies de la ville seulement, gardant plus d'indulgence pour les mêmes crimes commis dans la campagne. — La législation intermédiaire du moyen âge n'était qu'un reflet de la loi romaine, avec les distinctions féodales touchant les personnes. Puis les deux codes de 1791 et de 1810 dans lesquels toute espèce d'incendie, quelle que fût sa nature, était puni de la peine capitale; enfin la loi de 1832 qui, faisant une distinction radicale entre deux choses essentiellement différentes, ne punit plus de la dernière peine que l'incendie qui menace en même temps l'existence de l'homme et sa propriété, et réserve des peines infamantes, graduées avec soin, pour l'incendie des choses exclusivement matérielles.

Dans la loi de Moïse, dont la sévérité était si grande pour de bien moindres crimes, en raison même de la barbarie du peuple dont il avait pour mission de corriger les mœurs, on ne trouve au début de l'*Exode*, pour toute prescription pénale, que la restitution civile de la valeur des objets méchamment brûlés.

Cette loi, si imparfaite pour nous, au point de vue de civilisations plus avancées et du développement plus grand de la propriété, avait peut-être une prévoyance suffisante. — Moïse promulguait à la fois un code de lois pour les mœurs, une théurgie pour le culte, et pour le monde une religion. — Au milieu de ce dépla-

cement successif des existences, de cette priva-
tion de toutes choses qui affligeait les Hébreux,
de cette vie nomade du désert où une tente et
un troupeau formaient tout l'avoir des tribus
qu'il fallait concentrer en un seul corps de nation, ce n'est pas de quelques objets d'un caractère purement mobilier qu'il avait à se préoccuper.

Moïse avait à commander, à guider vers la
terre promise la grande armée de la civilisation
future, à la conduire vers de hautes destinées,
et à mettre fin à la vie nomade en Orient; —
c'était là sa mission et son but; aussi la propriété de la tente ou de la cabane était trop
secondaire pour occuper le grand vulgarisateur
des vérités du Sinaï. — Il lui fallait avant tout
un peuple soumis à une forte discipline, à une
suprême autorité, pour fonder une ère nouvelle et établir l'empire des dogmes religieux.

La distinction de la loi des Douze Tables est
écrite de même dans l'histoire de Rome à cette
première époque de son organisation. — Centre du monde romain, la ville absorbait en elle
tout ce qui fait la vie d'un peuple, son activité,

son énergie, sa force d'expansion au dehors. — Les campagnes existaient par l'agriculture seule, comme des éléments nourriciers; mais aucun établissement édificier de quelque importance ne pouvait s'y fonder indépendamment des villes. — Les travailleurs agricoles ne s'y rendaient d'une manière un peu sédentaire qu'aux époques des récoltes, marquées par les saisons; et partant de la ville, ils y revenaient sans cesse. — C'est ce que semblent expliquer, à l'occasion des incendies, ces mots : *Les cabanes des campagnes*, de la loi des Douze Tables, et qu'elle ne croyait pas susceptibles de la protection capitale des propriétés urbaines habitées par les citoyens romains.

Pour eux Rome était tout; le reste rien; ou peu de chose. — *Urbs* était le grand mot. — Il est la source traditionnelle des grandes municipalités qu'a continuées le moyen âge, qui ont fait à la fois la gloire et les malheurs de l'Italie et dont l'esprit pèse encore aujourd'hui sur elle et constitue l'obstacle à son unité comme nation.

La législation intermédiaire a subi de grandes variétés. — Les anciennes ordonnances, les capitulaires de Charlemagne étaient, comme nous l'avons dit, sous l'influence des lois romaines; et si elles punissaient le crime d'incendie du genre de mort le plus rigoureux, les arrêts de justice faisaient la même distinction pour les incendies commis dans les campagnes.

Plus tard même, on ne punit plus que d'une simple amende l'incendie des moissons et des bois.

Les deux codes de 1791 et de 1810, par leur pénalité excessive, témoignent une grande horreur pour le crime d'incendie, aussi lâche dans ses moyens de perpétration que dangereux dans ses effets. — Sous cette préoccupation d'une peine unique pour tous les cas, les plus légers comme les plus graves, il y a bien des malheurs publics et des ruines privées, le souvenir de dévastations en grand sur des contrées entières, aux époques de troubles politiques, de guerre civile ou de perturbations morales; mais cette législation absolue et tout d'une pièce n'allait-elle pas au delà de son but, en assimilant un crime qui devait ou pouvait atteindre l'existence de l'homme à un acte coupable à un bien moindre degré et qui n'avait pour objet qu'une chose matérielle et éloignée de toute habitation ; et en punissant de la peine de mort l'incendie d'une botte de paille isolée dans un champ, comme celui d'un édifice servant à une réunion de citoyens ?

La loi de 1832, en établissant précisément cette distinction dans la nature des biens, a reconnu des différences essentielles dans la perversité de l'agent, comme dans le danger public ou privé qui résulte du crime d'incendie. — Le principe de cette distinction et de la variété des espèces, fondé sur la nature des choses, est un élément de progrès et la solution d'une grave difficulté judiciaire qui manquait à la législation antérieure ; car par cela seul qu'il n'est plus absolu, il assure la répression et prévient l'impunité !

La loi de 1832, tout en faisant une part de protection aussi large que ferme et intelligente à ce qui n'est que la propriété pure, n'a voulu attacher la peine capitale à ce premier élément constitutif du crime d'incendie que si la vie même de l'homme se trouvait compromise. — Elle a poussé si loin les précautions à cet égard, et formulé si net-

tement la pensée du législateur, qu'à ces mots
du paragraphe premier : « *Lieux habités ou
» servant à l'habitation,* » la loi ajoute : « *Qu'ils
» appartiennent ou n'appartiennent pas à l'auteur
» du crime;* » — puis, comme si ce n'était pas
assez démontrer que l'existence de l'homme est
son unique préoccupation, elle ajoute, dans le
dernier paragraphe : *Dans tous les cas, quand
même les lieux ne sont pas habités, l'auteur d'un
incendie qui aurait causé la mort d'une personne
qui s'y trouvait au moment où il a éclaté sera
puni de la peine capitale.*

Chose singulière, ces incendies des maisons
des villes qui préoccupaient si vivement les
législateurs de la loi des Douze Tables, sont
précisément ceux qui deviennent les plus rares
à notre époque; — il y en a même fort peu
d'exemples. — Au point de vue criminel, il
n'y a guère en ville que des incendies d'u-
sines, d'établissements industriels et qui n'ont
jamais pour mobile et pour cause qu'une passion cupide. — On y trouve toujours le même
caractère. Le désordre dans la conduite amène
le désordre dans les affaires; une assurance

couvre bien au delà la valeur des marchandises, qui ensuite sont habilement détournées; puis l'incendie éclate au milieu de la nuit; et si les secours arrivent trop prompts et trop actifs, plusieurs foyers, ménagés avec soin, attestent à tous les yeux qu'on a en même temps préparé une faillite aux dépens des créanciers, dont le gage commun a disparu avec les livres du commerçant.

A part ces cas, qui sont encore très-rares, c'est sur les villages, sur les maisons des champs, les fermes isolées des campagnes, que se commettent aujourd'hui les crimes d'incendie. — Quand on en recherche la cause, le mobile déterminant, on y trouve aussi toujours une mauvaise passion ou une inconcevable perversité : — C'est un domestique renvoyé pour son inconduite, et qui a voulu se venger des maîtres sur la maison dont l'entrée lui a été interdite. — C'est une haine de voisinage pour un procès perdu, pour des chicanes journalières; une haine de famille pour un partage que l'envie croit toujours inégal; et l'on consume par un crime l'édifice qu'on n'a pu posséder par un contrat. —

C'est une jalousie de métier, une ardente rivalité de clientèle, une lutte d'industrie ou de
prospérité agricole, et qui détruit l'objet même
de cette rivalité qui lui pèse.

C'est la femme Guyader, des assises du Finistère, qui a brûlé la maison de sa voisine
pour se soustraire à une surveillance qui gênait de trop près le désordre de ses mœurs.
— Elle laissait échapper, deux jours avant l'incendie, cette confidence, symptomatique de
deux mauvaises passions réunies : *Ce voisinage
m'est odieux ; et puis c'est la plus belle maison
du village, la seule qui soit couverte en ardoise.*
— Il y a là l'envie et la haine.

Ce sont, sur une plus grande échelle, mais
sans intérêt bien défini, du moins en apparence, des sinistres géminés, qui viennent
jeter l'effroi sur des populations entières ; des
fièvres d'incendie qui accompagnent toujours
et précèdent quelquefois les époques de trouble
civil ou d'anarchie morale, et qui passent
comme un ouragan de feu sur nos contrées
agricoles les plus prospères. — Il y a là bien
souvent un moyen d'exaspérer et de soulever
des habitants paisibles, un outil révolution-

naire qu'on est tout étonné de trouver quelquefois dans la main d'un enfant ou d'une jeune fille timide, instruments de passions qui ne sont pas les leurs.

Comme l'empoisonnement, l'incendie est le crime de la faiblesse et de la lâcheté; il est si facile à commettre sur des maisons isolées, accessibles à tous pendant la nuit, à toitures basses et malheureusement inflammables de leur nature; plus facile encore à cacher: quand il éclate, quand le feu brille, le malfaiteur est déjà loin. — Aussi c'est avec raison que le code de l'Autriche fait de la nuit une circonstance aggravante : — le danger, en effet, naît d'un côté de cette facilité à préparer l'incendie, de l'autre, de l'impossibilité de le prévoir ou de l'empêcher. — C'est précisément lorsque le laboureur dort en sécurité que son ennemi veille pour le frapper plus sûrement dans son existence comme dans sa propriété. — La nuit est le seul témoin et le seul confident.

Aussi, la justice, devant cette difficulté de la preuve, doit-elle être sévère comme la loi dont elle est l'organe, quand cette preuve est certaine : — Le crime a rarement un témoin *de visu*. — Le meurtre et le vol laissent après eux des traces qu'on peut suivre : pour l'homicide, il faut attaquer un homme en face, ou du moins d'assez près ; et s'il a succombé, quelques gouttes de son sang se seront peut-être égarées sur les vêtements du meurtrier ; — après le vol, l'objet dérobé a été vendu par l'accusé, ou il sera trouvé dans sa maison ; mais l'incendie ne laisse après lui que des cendres et des ruines.

La preuve ne peut donc être qu'indirecte. — Il faudra bien pourtant qu'elle soit acquise et complète pour déterminer une condamnation ; mais alors elle reposera sur des conditions particulières, inhérentes à l'action : — c'est un intérêt bien accusé d'argent ou de passion ; une haine hautement manifestée ; des paroles compromettantes, des menaces décélant une intention criminelle d'incendie ; des indices graves ; des présomptions accumulées, des inductions si l'on veut, mais vives, mais certaines, et tellement liées les unes aux autres, qu'il devient impossible de les disjoindre et de les séparer du crime d'incendie.

C'est cette preuve morale, preuve de l'intelligence, qui fait en pareille matière l'intérêt des débats de la cour d'assises, et à laquelle trop de soins ne sauraient être apportés : — c'est sur elle que reposent la sécurité de la propriété, et la vie même des citoyens.

Indépendamment de l'effroi qu'il inspire aux populations, c'est à ce mot d'incendie que se réveillent dans les souvenirs les plus mauvaises époques de l'histoire de l'humanité ; — c'est le signe fatal des calamités publiques ; et partout où est passée une guerre civile, une révolution sanglante, est passé aussi un vaste incendie.

Le feu, qui est un don du ciel pour l'alimentation de l'homme et pour son industrie, devient un fléau dans la main des méchants : — il détruit à la fois l'œuvre de Dieu et de la nature dans les forêts séculaires, et l'œuvre de l'homme dans l'abri de ses demeures les plus modestes, comme dans les chefs-d'œuvre de ses palais ; — c'est qu'il n'y a pas de plus complète satisfaction pour les âmes perverses que l'image même de la destruction.

La torche d'Omar a secondé son glaive; et ce n'était pas assez pour son fanatisme que d'anéantir les ennemis de sa croyance, s'il ne détruisait en même temps, dans la bibliothèque d'Alexandrie, l'œuvre de leur génie.

La main de l'homme qui avait sacrifié la poésie dans Lucain, dans Sénèque la sagesse' et la philosophie, dans les chrétiens la morale des siècles, devait aussi brûler Rome; et l'on ne sait si ce vaste et multiple incendie ne pèse pas autant sur sa mémoire que le meurtre même de sa mère.

CHAPITRE XIX.

SINGULARITÉS.

En étudiant les matières criminelles, on rencontre des faits qu'il est quelquefois difficile de classer, et l'on ne saurait dire à quelle catégorie de sentiments bien définis ils appartiennent. — Leur singularité, soit qu'elle provienne de la stupidité, ou de la superstition, ou de la fausseté de l'esprit, soit qu'elle ait une cause plus prochainement appréciable, n'en est pas moins curieuse à constater.

N'y a-t-il pas, par exemple, une bien étrange alliance de l'amour et de la cruauté vis-à-vis de la même personne, dans cet accusé des assises de Paris qui, après avoir assassiné par jalousie une femme pour l'empêcher d'en épouser un autre, avait disposé sur sa fortune d'une somme de cinquante francs par année pour entretenir à perpétuité son tombeau au Père-

Lachaise? — il s'occupait dans la prison à
tresser les premières couronnes qui devaient
y être déposées.

Quelquefois, une colère aveugle, née d'une
lutte inégale, entraîne un malfaiteur à se venger par un meurtre d'une résistance qui s'oppose énergiquement à la grossière attaque de sa
passion ; mais la monstruosité apparaît quand
ce meurtre suit de près le viol consommé.

La force brutale qui impose une pareille souillure n'en provient pas moins, quoique de très-
loin, du sentiment de l'amour et du mouvement naturel qui attire un sexe vers l'autre,
mais ici vicié et perverti. — Il faut alors qu'a-
près la satisfaction violente d'une passion, une
férocité bestiale ait remplacé la personnalité
humaine, pour briser l'instrument passif de
cette satisfaction. .

En même temps aussi qu'une froide cruauté,
il y a dans le second de ces crimes un odieux
calcul d'égoïsme : — c'est la victime qui porte
la peine d'une situation compromise; c'est la
logique des passions qui pousse alors à commettre un crime plus grand pour se débarras-

ser de la responsabilité du premier; mais il n'y en a pas moins là une profonde perversion des sentiments naturels.

Nous la trouvons encore dans cette femme de mauvaise vie qui, avant de noyer un malheureux enfant dont les soins contrariaient la liberté de ses désordres, s'arrêta sur le bord du ruisseau et se mit tranquillement à lui donner le sein, parce que son lait la gênait. — Qu'est-ce donc que la débauche peut faire de l'âme d'une femme qui a le courage d'accomplir un pareil acte de maternité, au moment même où elle va se dépouiller de ce caractère par un crime froidement médité ?

Il y a aussi un conflit moral bien étrange, l'alliance sacrilége d'un acte pervers et d'une pensée religieuse, dans ces filles de la campagne, chrétiennes et criminelles en même temps, qui donnent l'eau du baptême à leur enfant de la main qui va l'étouffer : — elles espèrent peut-être, par une hypocrite capitulation de conscience, racheter le crime qu'elles vont commettre, en accomplissant le grand acte de la purification originelle.

Cela nous rappelle la femme de Parang, ce condamné à mort par la cour d'assises de Paris en 1859. — Cet homme venait de la quitter avec deux complices après avoir fait, *devant elle*, le complot d'aller assassiner la veuve Chereau, pour la voler. — Eh bien, d'après le témoignage de sa belle-mère, la femme Parang se prosterna et se mit à prier Dieu pour que les meurtriers ne fussent ni détournés ni découverts. — Elle mêlait ainsi la prière à l'accomplissement d'un double crime, et ne craignait pas d'associer Dieu lui-même à la violation sanguinaire de ses plus graves commandements. — Est-ce qu'il n'y a pas là une double direction, deux courants contraires de la pensée et de la volonté : — la passion qui dit : *Tue*, à côté de la croyance qui crie : *Tu ne tueras pas !*

Ce qui reste en lambeaux des idées religieuses d'autrefois qui avaient instruit notre enfance n'est plus qu'une fausse lueur qui n'éclaire plus une âme pervertie. — Demander à Dieu, qui est la source de tout bien, de protéger le mal, de favoriser le crime ; associer la prière, qui est une espérance religieuse, à une semblable réalité terrestre, c'est là un mélange adultère qu'on ne pourrait comprendre, si l'on ne savait pas que les passions mauvaises viennent fausser l'esprit en même temps qu'elles corrompent le cœur.

L'homme qui fait acte de croyance en commettant un crime semble plus criminel que l'athée coupable du même fait. — Il descend de plus haut, renverse de plus fortes barrières, et traverse, pour les violer, de plus salutaires principes.

Encore un fait du même genre; il sera le dernier; c'est un souvenir des assises d'Ille-et-Vilaine en 1855.

Pour de misérables questions d'intérêt, Lemeur avait conçu une grande haine contre son gendre Guégan; la jeune femme de celui-ci épousa trop vivement la querelle de son père et tomba d'accord avec lui pour chercher des assassins qui pussent le seconder à prix d'argent, et l'aider à se débarrasser du malheureux Guégan.

Elle essaya d'un singulier moyen, avant d'en

arriver à cette extrémité. — La Bretagne est un pays de foi profonde; elle possède de nombreuses chapelles, consacrées soit à la Vierge, soit aux saints de la légende, sous le patronage desquels les croyants aiment à présenter leurs vœux et à déposer leur offrande, afin d'obtenir une chose ardemment désirée. — Saint Yves de Vérité est de ce nombre.

Sait-on ce que cette jeune femme ne craignait pas d'attendre d'une si sainte intercession? — C'était tout simplement la mort de son mari. — Mais il fallait tromper à la fois le saint et le messager qui portait l'offrande; elle chargea celui-ci de demander que Dieu envoyât, dans leur querelle, une maladie mortelle à celui des deux qui avait tort, de son père ou de son mari : — on sait qui avait ce tort dans sa pensée!

Ce curieux épisode, produit à la cour d'assises, étonna tout le monde. — On y reconnut encore l'une de ces hypocrisies de sentiment par lesquelles on espère tromper Dieu, en rusant avec lui comme avec sa conscience.

Ces faits sont étranges; — ils prouvent seulement quel abîme existe au cœur de l'homme, et combien il est parfois impénétrable; et à défaut de tout autre intérêt, ils doivent nous servir de transition pour étudier à part l'influence du caractère et de la perversité.

CHAPITRE XX.

CARACTÈRE. — PERVERSITÉ.

Tous les faits cités par nous sont exclusivement puisés dans les travaux des cours d'assises. — En étudiant dans ces faits l'origine, la marche, la gradation des passions, et leur influence mauvaise sur les déterminations de la volonté, pour la violenter ou la corrompre, nous avons toujours trouvé l'idée du juste ou du bien perdue dans le nuage qu'elles font autour d'elles, en même temps que l'affaiblissement des principes et le mépris des lois.

Dans les catégories d'accusations que nous avons parcourues, dans les zones criminelles que nous avons traversées, c'est toujours au premier plan qu'a figuré la passion; mais lorsque la haine, l'envie, la cupidité et le libertinage ont jeté tant de désordres dans la famille, on doit trouver sur une plus grande échelle, l'empire de ces passions dans les crimes commis contre les personnes étrangères au foyer domestique : — c'est qu'alors il y a bien moins de violence à faire aux sentiments naturels, et qu'au lieu des attaches du cœur et des liens du sang, ils n'y a plus à briser que les liens ordinaires de la sociabilité.

Nous irions contre notre but, en multipliant outre mesure les exemples de ces mouvements désordonnés, perturbateurs de notre nature, incitateurs de tous les crimes, que nous nommons les passions. — Nous ne devons pas, sans nécessité, épuiser les infractions aux lois morales que nous ne voulons jamais séparer des infractions aux lois pénales.

Nous serions bien heureux d'avoir, à propos des caractères, à écrire l'histoire des honnêtes gens, à montrer la lutte des devoirs contre les intérêts, des principes salutaires contre la pente du mal, de l'inflexibilité des doctrines religieuses contre l'entraînement des passions ; — pour faire compensation aux tableaux désolants des crimes que nous avons dû présenter, on trouverait là peut-être un reflet de cet enseignement de la morale générale qui intervient encore si souvent entre le caractère et la passion pour les modifier en bien l'un par l'autre, les arrêter s'ils dévient, et les enrayer sur un chemin trop rapide.

Malheureusement, ce n'est pas là notre tâche.

Tout ne s'enferme pas dans le cercle de la passion pure ; mais on la trouve bien rarement absente à quelque degré que ce soit de la criminalité, et pour nulle que paraisse son influence, elle a sa part cachée dans une action punissable.

Le crime est un moyen dans le vol, un but direct dans l'assassinat par vengeance personnelle, et c'est souvent dans cette distinction qu'il faut rechercher, à côté de la passion, le rôle du caractère ou de la perversité. — Lorsqu'elle a faiblement parlé, c'est-à-dire quand, avec l'insignifiance du but ou du motif, on trouve l'atrocité des moyens, c'est que la prédominance du caractère ou de la perversité a donné son cachet à l'action, a fourni à la passion l'élément qui manquait à son énergie.

Le caractère a quelque chose de compliqué, de difficile à saisir, parce qu'il se confond bien souvent avec la passion pour déteindre sur elle ou en recevoir une modification. — C'est la prédominance habituelle, dans une même personne, d'une qualité ou d'un défaut; l'expression écrite dans ses actes d'une disposition primitive de son être. — C'est l'énergie ou la faiblesse des facultés naturelles qui, dans des circonstances prévues, doit commander l'activité ou déterminer l'abstention. — Comme condition pratique d'une physionomie propre, c'est une saillie plus prononcée dans l'esprit, une ligne mieux accusée dans la conduite, quelque chose d'exclusivement personnel qui donne sa marque, imprime son cachet aux désirs, aux aspirations, aux convoitises, aux moindres détails de l'existence, pour entraîner les penchants, favoriser les vices, ou arrêter au contraire le développement des passions.

Tel qui se laissait aller, sur la pente du mal, à l'amorce des tentations, ou se perdait peut-être aux trompeuses séductions des sens, se sauve par le respect profond de soi-même qu'on appelle la dignité du caractère. — Lorsque, au contraire, la dignité s'altère dans une personnalité trop exclusive, elle devient de l'orgueil ; alors la fermeté du caractère, qui était une vertu avec la dignité, devient avec l'orgueil une coupable opiniâtreté.

Trouverons-nous autre chose qu'une orgueilleuse obstination du caractère dans l'inflexibilité de cette femme du grand monde de province qui a froidement consumé, sur un bûcher préparé à l'avance, l'enfant naturel dont sa fille venait d'accoucher, plutôt que de paraître céder devant l'opinion publique ?

On a voulu expliquer ce crime d'infanticide par un grand dévouement de l'amour maternel ; mais ce sentiment n'existait pas le jour où elle poussait sa fille, au péril de la vie de celle-ci, à rouler du haut d'une colline pour provoquer un avortement : — ce n'était pas pour elle le fruit des entrailles de sa fille, mais l'enfant d'un palefrenier, que son orgueil sacrifiait ainsi.

Nous ne connaissons pas d'exemple plus énergique de la fusion, dans l'orgueil, du caractère et de la passion, que celui de ce jeune homme de la vie parisienne qui assassinait deux vieillards possédant des valeurs, pour payer une dette de jeu.

Il y a là l'idée d'une dette d'honneur, si l'on veut, dans l'opinion du monde, et qui vient l'emporter sur l'horreur d'un double crime : — un moyen atroce pour un but relativement insignifiant, — deux crimes en regard d'une petite honte, — l'immolation de la conscience à une simple blessure de l'amour-propre.

Sont-ce là des traits de caractère ou des traits de passion ? — Ou n'est-ce pas en même temps l'image de cette perversité qui fait dire à Bossuet : *Il est des pécheurs endurcis qui avalent l'iniquité comme l'eau.*

Voilà deux hommes assis, à Paris, sur les bancs de la même cour d'assises, à deux jours de distance : — l'un représente la violence, l'autre la faiblesse du caractère, qui conduisent souvent par des chemins différents au même résultat criminel.

Le premier, d'une physionomie sauvage, s'emporte à tout propos; ses traits se contractent, et ses yeux s'allument, lorsque, dans le débat, des témoins déposent des faits odieux qui lui sont reprochés. — Il a été conduit au meurtre de sa femme par une suite de brutalités; et il s'abandonnait aux plus cruels projets de vengeance pour les plus futiles motifs de contrariété, comme pour la lésion la plus légère de ses intérêts.

L'autre a une expression de figure à peu près insignifiante : — il est affaissé sur lui-même. — Il a assassiné, sans l'avoir jamais vue, une malheureuse fille qui l'avait attiré chez elle. — Pourquoi ce crime? C'est un trait de caractère des plus curieux à recueillir. — Parce que des habitudes invétérées de débauche, chez ce jeune homme, une fréquentation des maisons publiques à laquelle il n'avait pas la force de se soustraire, avaient fait rompre, sur renseignements de sa mauvaise conduite, un mariage qui lui était avantageux. — Il punissait en autrui les vices auxquels il ne pouvait plus renoncer, et la faiblesse de son caractère révélait une fois de plus cette vérité morale : que, si le méchant par nature ou par opiniâtreté fait le mal qu'il veut, l'être faible, sans décision, sans fermeté, qui s'abandonne sans résistance à la mobilité de ses impressions, fait le mal que veulent ses vices ou ses passions.

La perversité se définit d'elle-même. — C'est l'état désespéré d'un homme où le sens du bien a péri sans retour; où règnent désormais, sans contrôle, les penchants vicieux qui sont devenus des habitudes invétérées du mal et qui ont étouffé tous les sentiments naturels : — c'est la gangrène morale de l'âme qui en a rongé toutes les forces vives et détruit pour jamais, dans cette âme, les notions du juste et du vrai, les enseignements de la religion, les principes conservateurs de l'individu, de la famille et de la société; — c'est, en un mot, la perversion totale de la sensibilité, l'oblitération absolue du sens moral.

Tout le monde reconnaîtra les caractères de la perversité dans cet homme des assises de Paris qui, de complicité avec sa femme, a assassiné l'amant de celle-ci, parce qu'il l'avait abandonnée : — leur vengeance commune avait un motif différent; la femme souffrait de l'abandon, dans son amour-propre, dans

sa passion peut-être ; le mari, dans sa cupidité, car il voyait diminuer ainsi les ressources honteuses de son ménage auxquelles
un amant riche pourvoyait largement.

Elle est encore, au plus haut degré, dans
ce misérable, perdu de débauches auxquelles
il fallait pourvoir à tout prix, et qui, couvert
du sang de deux vieillards qu'il vient d'assassiner à Fontainebleau, s'en va, joyeusement et
sans trouble, dépenser le produit de son double
crime dans une maison de prostitution.

Malheur aux maisons isolées, aux vieillards vivant seuls, qui se trouvent sur le chemin de pareils hommes ! — un matin, la porte
demeure fermée ; et l'on trouve, à côté des
armoires forcées, deux cadavres dans une mare
de sang. — C'est Dewisse, ouvrier paresseux,
tout récemment marié, et ayant dépensé en
orgies l'argent que les parents de sa femme
avaient donné pour acheter un ménage. Il lui
en fallait d'autre. — Il s'introduisit un soir,
sous prétexte de demander de l'ouvrage, dans
une maison où il y avait trois personnes, le
père, la mère et une jeune fille, vivant dans
une certaine aisance. — Pour les voler, il fal-

lait les tuer tous les trois; aussi avait-il apporté, sous sa blouse, un marteau avec lequel il leur brisa successivement la tête.

Le président lui demanda, à la cour d'assises : *Ainsi, d'après vos aveux mêmes, vous alliez là avec l'intention bien arrêtée de tuer trois personnes ? —* Sa réponse fut caractéristique : *sans doute, puisqu'il me fallait leur argent, leur mort était pour moi une nécessité de position.*

Ce mot affreux contient la logique entière des passions; il est à lui seul toute une psychologie; il éclaire d'un jour sinistre les mystérieux replis de ces âmes perverses où le crime n'est plus qu'une nécessité, la vie de plusieurs personnes qu'un simple obstacle purement matériel : elle ne représente qu'une débauche de femme, qu'une orgie de cabaret.

Nous avons montré la perversité dans la nature même du crime; nous allons la trouver après son accomplissement : — c'est d'abord une fille de mauvaise vie qu'on rencontre à danser et à boire avec des jeunes gens, dans une auberge voisine de l'étang où elle venait de noyer son enfant qui gênait ses allures et ses débordements.

C'est ensuite un jeune homme imberbe, à figure douce et rosée, presque un enfant, qui avait tué d'un coup de couteau un petit camarade, parce que celui-ci, en jouant, lui avait pris une noix : — la cause était si insignifiante qu'on doutait presque de son intention ou de son discernement; mais on le surprit ensuite, dans la prison, semant de petits morceaux de verre brisé dans un corridor obscur où il avait remarqué que des prisonniers passaient quelquefois pieds nus. — N'est-ce pas là une bien précoce perversité?

Une fois nous l'avons rencontrée moins entière, ou moins avancée, dans un homme arrêté pour un crime aussi odieusement conçu que froidement exécuté, sur une pauvre vieille femme qui lui avait quelque temps auparavant donné l'hospitalité : — mais les preuves manquaient contre lui; par un retour étrange, une sorte d'expiation anticipée par le repentir, dans la solitude de son cachot, il se sent tout à coup accablé d'un secret qui lui pèse et que pourtant il est seul à pouvoir révéler; — il veut à l'instant décharger sa conscience, en allant de lui-même au-devant des investigations de la justice, et comme s'il effaçait le crime, il se sent soulagé par ses révélations : — c'est que la nuit n'était pas encore complète en lui, et que, par un côté au moins, une lueur de conscience éclairait encore cette âme.

Il est une remarque grave qui ne paraîtra pas, nous l'espérons, un hors-d'œuvre, et que nous tenons à faire quand nous nous occupons de l'effet moral des accusations criminelles : — à côté du malheur qui frappe l'innocente victime du crime, de la ruine qui atteint une famille, de la flétrissure involontaire qui souille un enfant, il faut montrer un malheur plus grand, attaché à la personne du coupable par la réprobation publique et la punition de la loi : — c'est l'application de cette belle maxime de Salluste : *Nul ne sert à la fois ses passions et ses vrais intérêts.*

Les méchants par nature, les criminels par passion s'arrêteraient sur la pente, s'ils savaient le mal qu'ils se font à eux-mêmes, et cette moralité philosophique prendrait plus d'importance si elle allait plus haut et plus loin que la modeste étude que nous avons plus spécialement en vue; si elle osait remonter jusqu'à ces illustres malfaiteurs qui sont aux assises de l'histoire.

Pour la plus longue et la plus sanglante tyrannie qui ait décimé l'humanité, les monstres qui personnifiaient à Rome tous les vices couronnés, ces criminels par excès de pouvoir, auraient senti l'ordre du meurtre s'arrêter sur leurs lèvres, si, voyant au delà de l'heure présente, ils avaient senti le fer rouge de Tacite imprimer à leur nom un stigmate éternel : — vingt-six ont péri de mort violente, et quatre se sont tués par désespoir de ne pouvoir échapper à un juste châtiment. — Dans un autre ordre d'idées, l'échafaud de Marie Stuart a peut-être été l'expiation providentielle du meurtre de Darnley, et la tache de sang de la galerie de Fontainebleau flétrit encore aujourd'hui la mémoire de Christine de Suède, comme elle a pesé jusqu'à son dernier jour sur sa vieillesse désolée, sur son existence solitaire.

Nous avons par méthode présenté divisées

des choses qui bien souvent se trouvent réunies, mais lorsqu'en définitive se rencontrent dans une même affaire les trois sources de la criminalité : la passion qui désigne ardemment un but, la perversité qui indique un atroce moyen, et la violence du caractère qui en fait l'emploi, on trouve réunis pour le mal tous les démons de l'Évangile : — ce sont bien là tous ces esprits immondes dont Jésus-Christ délivrait les âmes par la douceur de sa parole, par l'admirable pureté de sa doctrine, qui calme les passions comme sa voix calmait les flots de la mer de Galilée. — Plusieurs fois à la cour d'assises une femme qui avait étouffé son enfant, empoisonné son mari ou incendié son voisin, nous a répondu : *Que voulez-vous, c'est le démon qui m'a poussée :* — elle parlait, sans le savoir, le langage de l'Évangile.

CHAPITRE XXI.

LA PENTE DU MAL.

L'homme qui comparaît pour la première fois devant la cour d'assises offre une étude intéressante à faire sur sa situation morale; car s'il se retranche dans un système de dénégation absolue, il appuie sa protestation d'innocence en disant : La preuve que je n'ai pas commis ce crime, c'est que je n'en avais jamais commis d'autre auparavant.

La connaissance du cœur humain nous apprend qu'il est peu de natures qui succombent à la première tentation du mal; que beaucoup s'altèrent peu à peu en secret, et que ce n'est guère qu'aux yeux du monde qu'elles faillissent tout à coup.

C'est à ce point de vue de l'expérience qu'il est de nécessité juridique d'interroger les antécédents d'un accusé. — De ce besoin d'investigation rétrospective naît le droit pour tous de rechercher dans son caractère, dans ses habitudes, dans sa moralité, les indices de sa culpabilité ou les présomptions de son innocence.

Par cela seul qu'il est appelé à répondre d'un crime, sa vie entière appartient à la défense comme à l'accusation. — La première conclura de ses bons antécédents d'honneur et de probité à l'invraisemblance des faits qui lui sont reprochés. — L'autre, au contraire, trouvera dans les vices de son passé, dans ses fautes d'autrefois, la source de sa culpabilité d'aujourd'hui.

Un grand poëte a dit, dans un vers qui est resté célèbre :

Quelque crime toujours précède les grands crimes !

Cela n'est peut - être pas complétement exact, au point de vue de la loi positive, de la qualification légale d'un crime ; mais au point de vue moral, philosophique de la faute, de l'infraction aux devoirs, cela est vrai et profond comme le cœur humain.

Un homme jusque-là inconnu de la justice débute par un grand crime qui semble sans racines dans sa vie antérieure; mais il est bien rare, presque impossible même, qu'il n'ait pas déjà descendu dans son cœur quelque degré de la pente fatale du mal, qu'il ne se soit complu depuis longtemps aux incitations de la passion ou de l'intérêt, au lieu d'y résister. — Le fait éclatant d'aujourd'hui n'est-il pas plutôt l'expression de ce qui se passait hier dans son âme?

Nous avons eu à juger, aux assises des Côtes-du-Nord en 1859, le nommé Urvoy, accusé de viol sur une jeune fille de treize ans. — Il l'avait prise comme journalière, et conduite dans un endroit assez retiré d'une prairie où il voulait, disait-il, l'occuper à faner avec lui. — Chef de famille, ostensiblement sans reproche, Urvoy avait plusieurs enfants et une femme jeune encore. — Eh bien! celle-ci, voyant revenir de la prairie la jeune fille éplorée, sanglante et pouvant à peine marcher, avait compris, avant même qu'elle parlât, le crime qui venait d'être commis. — Pourquoi? — C'est qu'elle connaissait les mœurs de son mari; aussi ne put-elle s'empêcher de s'écrier devant ses voisins : *Le malheureux, je suis bien sûre que c'est lui qui a fait le coup; je n'ai jamais pu conserver une domestique honnête chez moi!*

— C'était toute une révélation. — Urvoy, avant d'attaquer et de flétrir une enfant, avait depuis longtemps attaqué et flétri les servantes de sa femme. — Avant de déshonorer par un crime le champ du travail, il avait déshonoré par ses vices le foyer domestique.

La célèbre affaire Castaing a découvert ce côté psychologique des passions. — Qui croira que cet homme ait pénétré du premier coup dans le mal, par le double empoisonnement des deux frères Ballay, qui étaient ses amis les plus intimes? — Il s'était de longue main assuré leur héritage, au moyen d'un testament réciproquement fait en faveur du dernier mourant d'eux trois, et qu'il avait, avec une ruse infernale, arraché à leur nature trop confiante, en exploitant leur faiblesse de caractère.

Médecin distingué pourtant, mais sans clientèle encore acquise, il n'était connu que par une existence extérieurement honorable et très-laborieuse. — Mais ce n'était là qu'une apparence.

En étudiant de plus près son caractère vrai, en fouillant sa vie intime, les investigations patientes de la justice découvrirent le fond de cette vicieuse nature. — On y trouva, d'un côté, des goûts de luxe, de fiévreuses impatiences qui ne voulaient pas attendre le fruit légitime du travail, une ambition de fortune et de position tellement insatiable qu'elle ne devait reculer devant aucun moyen pour se satisfaire. — De l'autre côté, on rencontra une situation morale déplorable, des vices cachés, de grands désordres de conduite, le besoin d'alimenter une coûteuse dépravation et de répondre aux exigences d'une liaison de femme aussi impérieuse qu'elle était illégitime.

La réunion en lui du vice et de la passion avait marqué la route qu'il devait suivre pour aller à son but, en passant par un double crime. — La preuve de sa lente préparation à le commettre avec le moins de danger possible se trouva dans ses manuscrits : — ses travaux assidus, ses études savantes s'étaient spécialement attachés aux poisons stupéfiants, dont il devait se servir pour les deux empoisonnements, et qui, en détruisant la source de

la vie, ne laissent pas de trace de leur passage dans les organes qui doivent absorber leur
substance délétère.

Ainsi donc, comme chez Urvoy, comme chez
beaucoup d'autres qui sont à leur premier
crime ostensible, le crime de Castaing, en
démontrant sa perversité, n'a été en définitive
que la manifestation d'une perversité antérieure.

Une théorie trop exclusive sur ce point dé-
licat laisserait en dehors un assez grand nombre de crimes de moindre importance, nés
aussi quelquefois d'un mouvement spontané
de la passion, par exemple dans la colère ou
dans l'ivresse; et ils ne trouvent pas alors leur
germe ou leur explication dans un passé pervers. — S'il y a encore dans ce cas un fait
punissable, il n'a pas du moins cette gravité
qui est principalement l'objet de nos observations sur l'état antérieur de la conscience
et de la moralité d'un accusé.

La loi chrétienne range la colère au nombre des fautes capitales, et punit la passion

seule à l'égal de tous les faits de violence qu'elle doit ou qu'elle peut entraîner : — elle a raison, même humainement parlant; le mal n'est là qu'à son premier degré; mais il s'y trouve, quoique à l'état latent.

Nous ne voulons pas faire un rapprochement, par ailleurs impossible, entre la loi religieuse, qui doit rester comme un modèle de perfection morale pour tout le monde chrétien, et une législation impitoyable que ses rigueurs ont fait repousser, en la caractérisant du nom de son fondateur; mais pour la philosophie, il se dégage une sévère moralité de ce code ancien qui punissait les vices de la même peine que les crimes les plus grands, parce qu'il voyait entre eux un enchaînement de cause à effet, une filiation fatale.

Beaucoup d'hommes s'arrêtent dans le vice, et ne vont pas au delà, soit mollesse de caractère, soit défaut d'occasion ou d'obstacle; soit qu'il leur reste encore assez de force pour se retenir sur la pente; mais la situation est périlleuse pour tous; et comme le dit si bien Sénèque, et Montaigne après lui : — *Il est plus facile de ne pas commencer que de s'arrêter.*

Que chacun s'étudie avec soin et fasse l'analyse de toutes les sensations, de toutes les idées, les plus fugitives comme les plus fortes, qui nous arrivent on ne sait d'où : — combien de vagues désirs, de pensées de mauvais caractère, de tentations encore incomplètes viennent traverser l'esprit ! — que de regards trop persistants, qu'on ne croit qu'indiscrets et qui sont impudiques, viennent stimuler et pervertir les sens !

Bien souvent vous avez vu des hommes s'arrêter par curiosité aux vitres d'un changeur : — les plus laborieux ou les plus honnêtes jettent un coup d'œil et passent; — d'autres, plus désœuvrés, stationnent davantage devant ces pièces d'or malencontreusement étalées; puis ils s'arrachent brusquement à une fascination qui les trouble : ils ont eu là un fâcheux mouvement intérieur, mais aussitôt réprimé; — d'autres reviennent sur leurs pas, s'éloignent et reviennent encore avec un regard plus fixe, une préoccupation plus grande: — la tentation augmente; la moralité diminue.

Ailleurs, une existence vous gêne; elle se

trouve entre vous et une chose ardemment
désirée, femme, place ou fortune; elle fait
obstacle à une passion, à une ambition même
légitime : — vous ne songez pas sans doute par
vous-même à vous en débarrasser; mais si cela
arrivait, par le hasard, l'événement, un voyage
périlleux, les chances de la vie : — ce n'est
là qu'une idée; — prenez garde qu'elle ne devienne une espérance.

Tout cela flotte au cerveau comme des ima-
ges, et bien longtemps sans s'y fixer, sans y
trouver un terrain pour y prendre racine. —
Quelquefois l'image rencontre une substance
plus molle pour recevoir plus fortement son
empreinte; elle y pénètre alors, puis s'efface,
— pour toujours si on la comprime avec énergie; pour un temps seulement si on la voit avec
complaisance. — Elle revient de nouveau : l'un
la chasse alors tout à fait; l'autre l'accueille et
la garde. — Elle grandit encore; elle gagne du
terrain, chaque jour, chaque minute; il ne
songe plus à la combattre; — elle est admise;
— elle fait partie de lui-même. Sous une pareille
obsession les scrupules s'effacent, les éléments
de résistance diminuent; la passion a tout cor-

rompu dans sa marche, et sa voix est la seule qui sera désormais écoutée.

Telle est, dans une nature qui s'est laissé volontairement envahir, la sombre végétation du mal, sa germination quelquefois insensible, souvent rapide dans ses développements, et qui monte de la racine, qui est le vice ou la passion, au fruit empoisonné, qui est le crime.

Si cette passion avait pris tant d'empire, c'est qu'on l'avait caressée avec une trop grande complaisance et logée imprudemment en soi : — comme la lice de la fable, elle est devenue trop forte pour qu'on puisse la chasser. — La puissance morale n'a cédé peut-être qu'un instant la place, mais cet instant est tout; c'est une prise de possession.

On ne pouvait le croire au début d'une passion, et l'on s'étonne après de ne plus trouver contre elle assez de force en soi. — On ne comprend pas que le chemin de la faiblesse puisse conduire au crime; mais si les chevaux se sont emportés, c'est qu'on avait depuis longtemps abandonné les rênes.

La vérité morale qui ressort pour nous de

ces observations, c'est que les mauvais désirs deviennent des passions violentes, lorsque l'homme s'est complu à les laisser se développer en lui, et qu'il ne débute guère dans le mal par un grand attentat. — Il ne faut donc pas séparer un fait criminel de tous les phénomènes moraux qui l'avaient préparé, ni juger une passion par son seul paroxysme ou sa manifestation dernière. — Non, c'est la route qu'elle a faite, les principes qu'elle a détruits, la pente du mal qu'elle a rendue plus rapide, la chute qu'elle a précipitée, qu'il faut considérer pour apprécier complétement un crime.

Le fait punissable qui amène cet homme de si loin quelquefois sur les bancs de la cour d'assises n'est donc que bien rarement isolé dans sa vie; — seulement, c'est le révélateur, le fait éclatant, le dernier degré du mal.

CHAPITRE XXII.

Comme la philosophie a de tout temps agrandi la sphère de la justice, le moraliste doit entraîner le magistrat au dehors de l'étroite enceinte de la cour d'assises, pour demander aux mœurs sociales le secret des misères et l'explication des crimes que viennent révéler les débats ; — c'est ainsi qu'au bruit d'un grand naufrage, on doit regarder plus haut et plus loin à l'horizon, quels sont les écueils où s'est brisé le navire, et d'où souffle le vent qui nous apporte les débris.

La société actuelle est dans un grand travail : — est-ce de décomposition ou de renouvellement ? — On se demande si les vertus privées qui ont resserré les liens de famille dans les existences moyennes n'ont pas, par cet égoïsme du *chacun chez soi*, affaibli les rapports sociaux ; — si, en même temps que le bien-être individuel s'est accru, la moralité générale n'a pas baissé ; — si les progrès de l'industrie qui ont développé la richesse publique n'ont pas aussi développé outre mesure d'insatiables appétits, et habitué les hommes à matérialiser leurs jouissances, aux dépens de la spiritualité ; — si enfin l'indépendance trop absolue de l'esprit qui brise les traditions n'a pas affaibli d'autant l'autorité des croyances qui maintient les mœurs.

Nous pensons qu'il existe une solidarité du mal entre les mauvaises doctrines et les mauvaises actions, entre la corruption et le développement de la criminalité.

Le peuple chinois a été calomnié peut-être par des historiens prévenus ou par des voyageurs superficiels ; mais il passe généralement pour le plus dépravé, le plus dépourvu de sens moral qu'il y ait sur la terre : — c'est aussi celui où il se commet le plus d'infanticides, où il se fait le plus de sacrifices d'enfants, même légitimes, dans les classes inférieures. —

Sa législation, très-sévère par ailleurs, puisqu'elle punit certains vices à l'égal des crimes et délits, est complétement muette sur l'infanticide. — Il est possible qu'en droit ce crime soit compris dans la qualification générique d'homicide; mais en fait il est toléré par l'opinion publique et les tribunaux.

Un mot de Sénèque, relevé par Plutarque, éclaire d'un jour sinistre l'époque certainement la plus longuement douloureuse des nations civilisées; — il nous apprend que dans les cinq années du règne de Claude, il y eut à Rome plus de parricides que dans tous les temps antérieurs réunis : — c'était aussi l'époque du plus grand abaissement des caractères, de l'absence de croyance la plus absolue et de la corruption des mœurs la plus profonde.

Les meurtres se multiplient dans Rome, dit Tacite, l'écrivain qui devine le plus sûrement, à travers les intérêts et les passions, le mobile des actions; *l'un avait perdu un fils; l'autre un frère, un parent, un ami; et cependant tous rendaient grâces aux dieux, tombaient aux genoux du prince, et fatiguaient sa main de baisers.*

Ceux qui représentaient les vertus stoïques

de Caton étaient devenus bien rares, et se réfugiaient dans la mort avec une facilité déplorable, en s'affranchissant avec mépris d'une vie qu'ils ne croyaient plus pouvoir porter avec honneur.

On était bien loin des vieilles mœurs où la violence faite à Lucrèce amenait un soulèvement des âmes et l'expulsion de toute une dynastie. — Les révolutions ne se faisaient plus alors pour venger la vertu, mais pour couronner les vices.

Nos statistiques nous apprennent que dans le nombre des criminels il y a beaucoup moins de femmes que d'hommes, et plus de célibataires que d'hommes mariés. — C'est là, nous le croyons, un double enseignement qui a bien sa valeur : — la vie régulière de la famille vaut mieux en effet pour la moralité que la vie d'isolement et sans fixité du célibat; l'existence sédentaire donne plus de garantie que la mobilité, le déplacement des individus.

Les femmes, dans les campagnes surtout, plus près des devoirs du ménage, plus souvent entourées d'enfants, échappent bien mieux que les hommes aux tentations du dehors, aux influences si pernicieuses du cabaret, aux habitudes de l'ivresse si démoralisantes; — dans leur vie constamment laborieuse du foyer, leur honnêteté trouve moins d'embûches, comme leur croyance de plus profondes racines.

Quant au déplacement anormal et de plus en plus prononcé des populations, il nuit beaucoup au mariage et affaiblit d'autant les salutaires influences de la famille : — c'est en cela peut-être que notre âge a manqué de sagesse, en stimulant outre mesure cette vie d'aventure qui maintient les hommes dans le célibat, et porte, par cela même, une plus fâcheuse atteinte à leur moralité. — C'est là le danger des émigrations qui dépeuplent les campagnes de travailleurs honnêtes, pour peupler les villes de débauchés actuels et de criminels futurs: car la foi s'en va loin du clocher natal, et avec elle l'honnêteté; et avec l'honnêteté, le courage et le travail.

On n'a pu s'empêcher de voir un équilibre rompu entre les deux sources les plus vives de notre richesse nationale, l'agriculture et l'industrie. — On a développé outre mesure le second de ces éléments de prospérité, en négligeant le premier, qui est resté plus longtemps stationnaire; aux entreprises industrielles de toute nature et dont les produits ont dépassé, à leur détriment même, les besoins de la consommation, on a sacrifié la production agricole, qui a manqué, au contraire, aux besoins de l'alimentation publique; — c'est-à-dire qu'on a sacrifié le champ à l'atelier, le nécessaire au superflu, les choses indispensables aux choses secondaires.

Les grands travaux publics, entrepris en même temps sur une trop vaste échelle, se sont joints encore à cette situation pour l'aggraver; — de là, l'abandon des travaux des champs, qui n'offrent qu'un modeste salaire, pour les travaux de la ville ou du chantier beaucoup plus lucratifs; — de là aussi, l'émigration en masse des domestiques et journaliers laboureurs vers les grands centres, et la dépopulation des campagnes, si fatale aux exploitations agricoles.

Cependant, ces bras qui manquent à la terre restent bien souvent inoccupés sur le pavé des villes. — Ce déplacement s'est fait de toute manière aux dépens de la moralité publique et des individus; — dans ces existences déclassées, quand la détresse arrive, l'isolement est plus lourd, la misère plus difficile à porter, le spectacle du luxe plus blessant.

Les influences mauvaises du cabaret ou des maisons suspectes, doublent la contagion des ateliers — l'ouvrier que l'exemple de la famille ou le travail des champs eût sauvé à la campagne, s'est perdu à la ville dans l'oisiveté et la débauche; et s'il retourne dans son pays natal, c'est pour y donner le spectacle de ses vices et y porter de funestes doctrines.

L'écrivain qui a osé dire : *La propriété c'est le vol*, à une époque tourmentée, a jeté dans les masses un ferment dangereux pour leur moralité : — il a développé de cupides instincts et éteint du même coup des scrupules; — il a déraciné la foi dans le travail et semé le crime dans la misère; le pauvre n'est résigné dans cette vie, que lorsqu'il croit dans l'autre à la récompense de cette résignation.

On démoralise le malheureux en excitant sa convoitise par de semblables doctrines; — on

double la passion d'un sophisme; et si un autre
vient proclamer en même temps la souveraineté du but, il légitime l'atrocité des moyens.
— L'assassin politique donne la main, à travers ces doctrines, à l'assassin privé; demain,
chez ceux qui possèdent une chose que la
passion d'un autre désigne comme un but,
en même temps qu'un voleur il entrera un
meurtrier, et la fausse clef sera accompagnée
d'un couteau.

Il ne faut pas croire que ces pernicieux enseignements demeurent dans les livres à l'état
d'utopies ou de spéculations de rhéteurs. — Il
s'en détachera des feuilles; ce sont les plus
mauvaises graines que le vent emporte le plus
loin. — Ce qui s'est dit à la ville, se répétera
à la campagne, puis fera les frais de la cantine
et du cabaret, dans cette propagande des travailleurs des lignes de chemins de fer qui,
avant de porter la prospérité dans les contrées
éloignées des centres, ont commencé par y
semer la corruption.

Une préoccupation déplorable et trop dominante à notre époque, c'est l'amour du gain,

l'ambition de faire fortune qui a envahi toutes *les classes.* — Une ardeur du jeu qui a quelque chose de contagieux conduit au dédain de la vie régulière et modeste ; le pain de chaque jour semble payé trop cher s'il n'est gagné que lentement, par la voie d'un travail sérieux : — une fortune qui se fait longtemps attendre, qui n'est pas faite d'un seul coup, paraît achetée par de trop durs sacrifices ; on y veut arriver par le chemin le plus rapide et le plus court.

Les intérêts matériels prennent alors le premier rang ; et l'on se crée des besoins au-dessus de ses ressources légitimes auxquelles il faut suppléer à tout prix. — C'est là un bien fâcheux symptôme des mœurs contemporaines ; il révèle avec des goûts effrénés de luxe et de dépense sans règle, la vanité que chacun a de paraître au-dessus de sa situation vraie, et les appétits désordonnés d'un sensualisme de plus en plus exigeant.

Le niveau moral s'abaisse dans ces épreuves ; car en éveillant des sensations mauvaises, on ouvre à la passion des voies qu'une existence plus simple, qu'une conscience plus souvent interrogée lui avaient fermées jusque-là.

Rien de plus légitime assurément que d'aspirer à monter, à s'élever, que de désirer trouver dans les affaires ou les spéculations, les ressources qui manquent aux nécessités de la famille ou aux exigences d'une situation nouvelle ; mais l'abus fait le mal, et la fièvre de l'argent est devenue une maladie endémique depuis quelques années.

Les fortunes trop rapidement acquises sont d'un funeste exemple ; il entraîne les autres hommes vers ce but unique, et les rend de moins en moins scrupuleux sur les moyens d'y parvenir.

On vend le champ de son père à la campagne, le bien de sa femme à la ville, pour jouer à la Bourse. — Si l'on perd, la nécessité rend plus facile sur les expédients pour réparer cette perte ; si l'on gagne, ce gain, soyez-en sûr, ne profitera qu'à l'orgueil et à la dissipation : — double épreuve également dangereuse pour le caractère et la moralité.

Qui donc nous arrêtera sur la pente de matérialisme où nous sommes de plus en plus engagés? — Des esprits généreux luttent encore sans doute contre le joug des intérêts, contre l'individualisme qui fractionne la société, et qui affaiblit, en les divisant, les forces vitales du pays ; mais réussiront-ils à rassembler les liens brisés des idées et des croyances qui flottent sans puissance pour se rattacher entre eux ? — Le faisceau des doctrines se divise, et le flot des idées générales s'épuise, sans rien féconder, dans les canaux trop multipliés des théories personnelles.

Chacun s'isole en effet, habite avec sa seule pensée et veut faire de son cabinet d'étude le centre du monde intellectuel ; — chacun a sa théorie philosophique, son système social, son utopie politique : — on invente une religion, comme si une nouvelle révélation providentielle pouvait tomber et s'égarer sur le front isolé d'un orgueilleux ; — on crée une nouvelle forme sociale sans tenir compte des traditions ni des mœurs, ni des liens de famille, ni des sentiments religieux des masses ; — chacun apporte, pour un édifice idéal, une pierre qu'il a taillée à sa manière, qu'il a choisie sans contrôle et qu'il adapte sans ciment : — ce n'est plus, comme aux temps bibliques, la confusion des langues; c'est celle des idées et des doctrines; c'est toujours la tour de Babel.

Cherchons d'autres influences!

L'histoire, à notre époque, a des œuvres éminentes et des maîtres illustres; mais elle est dans d'autres mains l'école du fatalisme et la glorification d'une idée préconçue ou la condamnation systématique d'une époque.

La philosophie qui, par son côté le meilleur, a des aspirations spiritualistes, s'est laissé envahir par le panthéisme et absorber par les sectes politiques.

Le théâtre, qui a une action bien plus directe sur la foule des grandes villes, et de vives et quotidiennes influences sur les esprits, ne veut plus parler qu'aux yeux, ni faire appel qu'aux sensations; aussi nous présente-t-il sans cesse le spectacle du vice, en proclamant, non pas la souveraineté du but, mais la souveraineté de la passion.

Le roman, qui ne sait plus ménager les susceptibilités délicates des âmes, n'a plus aussi, en pénétrant dans tous les intérieurs et dans la vie intime, que des capitulations de conscience, que des pentes fleuries à abaisser vers le mal, que de tristes analyses sceptiques qui dessèchent le cœur en lui ôtant ses illusions.

Voilà malheureusement les voix qui parlent le plus haut à la foule et qui en sont le plus écoutées. — Aussi, de cet amour des biens et du gain à tout prix; de ces besoins matériels qui ont pénétré toutes les classes, même les plus ignorantes; de ces fausses doctrines qui sont entrées avec les livres suspects et les spectacles les moins prudents dans l'esprit des classes les plus intelligentes, résulte-t-il pour nous un affaiblissement général des croyances et un oubli plus grand des principes.

Nous croyons y trouver encore la source de cet esprit de doute et de dénigrement qui ne se contente pas d'amoindrir toutes les gloires d'ici-bas, mais qui s'efforce de nier Dieu là-haut, afin de n'avoir à reconnaître d'autre autorité que celle de la passion.

Les mauvaises doctrines ont cela de fatal, qu'elles ne peuvent fausser l'esprit sans pervertir le cœur: — il y a une corrélation manifeste entre l'affaiblissement des croyances et le développement des passions, entre la perte des principes et la domination des intérêts.

Si c'est par la croyance qu'on améliore les mœurs, c'est par son effacement qu'on aide à les corrompre. — Si la foi nous avait donné des forces pour nous retenir, avec les passions nous en avons créé de nouvelles pour nous entraîner : — alors l'âme ne commande plus en maîtresse, et la raison n'a plus en nous ce siége magistral que Montaigne se sentait si heureux de retrouver toujours en lui.

Lorsque tant de voix écoutées, et qui ont dans nos penchants des complices tout prêts, font sur tous les tons l'apothéose de la passion, comment espérer qu'elle sera sacrifiée?

Elle sera déifiée au contraire; c'est le : *Cuique Deus fit cupido*, de Virgile.

Quand des insensés ont osé proclamer que toutes les passions sont légitimes, comment d'autres, à la cour d'assises, ne leur demanderaient-ils pas une excuse pour tous les crimes qu'elles ont déterminés? — Mais leur triomphe serait trop cher, s'il pouvait être payé par la moralité publique.

CHAPITRE XXIII.

MONOMANIE.

Nous n'entendons pas faire une théorie qui nous soit propre, sur cette grave question de la monomanie qui occupe depuis tant d'années les médecins, les moralistes, les philosophes et les jurisconsultes. — Nous ne pouvons non plus nous engager dans les détails d'une science dont les données, lorsqu'elles sont trop générales, deviennent si confuses, si contradictoires, qu'elles ne conduisent à aucune solution pratique qui soit satisfaisante.

La diversité des doctrines sur ces délicates questions tient à la diversité même des systèmes philosophiques conçus *a priori*, et qui donnent leur couleur, leur direction aux recherches et aux solutions scientifiques. — Il est impossible qu'un matérialiste et un spiritualiste, partant de deux points de vue diamétralement opposés de la nature de l'homme, arrivent au même résultat sur cette matière.

Qu'on lise les livres des aliénistes proprement dits : au lieu d'une théorie, on ne trouve qu'un système.

C'est donc au point de vue seulement de ce qui se passe à la cour d'assises, que nous essayons à notre tour quelques observations.

N'oublions pas d'abord que l'homme qui est là pour répondre d'un fait qualifié crime, a passé par la double épreuve d'une laborieuse instruction dans laquelle il a été appelé à s'expliquer sur ce fait, et de l'examen attentif qui a été fait de sa personne, de son caractère, de ses antécédents, du mobile apparent ou caché de son action.

Après cela, qui pourra croire que les magistrats de la double juridiction qu'il a fallu traverser pour arriver jusqu'à la cour d'assises, se soient décidés à faire subir à un insensé l'épreuve publique des débats?

Nous croyons donc d'abord que sur ce point de la question pratique, le bon sens suffit, bien plus souvent que les systèmes scientifiques, pour juger l'état mental d'un accusé. — Il y a plus de garantie dans le sens droit, dans l'amour du vrai des douze hommes de bien qui doivent prononcer sur l'accusation, après un examen sérieux et intelligent, que dans tous ces systèmes qui, ne pouvant s'expliquer certains phénomènes de l'organisation et des mouvements de la volonté, mettent sur le compte de la folie toutes les passions excentriques, toutes les agitations anormales de la sensibilité.

La loi a été doublement sage. — D'un côté, dans l'intérêt du principe de l'inviolabilité de la vie, elle a puni d'une peine sévère celui qui y porte atteinte, fût-il poussé par une passion désordonnée ; — de l'autre, tenant compte du naufrage moral où périt quelquefois la raison humaine, le législateur n'a pas pu voir une individualité responsable dans celui qui, au moment du crime, n'était déjà plus le maître de ses actions, le gouverneur de sa conduite, et ne jouissait plus par aucun point de ses facultés intellectuelles. — C'est ce principe de pitié et de justice qui est écrit ainsi dans l'article 64 : *Il n'y a ni crime ni délit, lorsque le prévenu était en état de démence au temps de l'action.*

— Tout est là.

— Qu'est-ce donc que la démence?

— Sous peine de se perdre dans les subtilités de la science ou de la métaphysique, on doit la caractériser par ce qui frappe le bon sens de tous; l'expérience alors nous dit : C'est l'état de l'homme qui ne s'appartient plus à lui-même; qui n'a plus la faculté de saisir le rapport des idées et des choses, et qui a vu s'éteindre en lui complétement, avec la dernière lueur de l'entendement, la liberté de ses actions et la conscience de ses actes. — C'est l'état de tous les malheureux qui remplissent nos maisons d'aliénés et dont personne assurément ne peut songer à nier la démence.

Beaucoup, poussés par des motifs imaginaires, tuent, croyant immoler les voleurs ou les assassins dont ils se voient sans cesse entourés. — D'autres égorgent des enfants, disant avoir reçu de Dieu la mission de les envoyer au ciel. — C'est une femme dont une grande exaltation religieuse avait dérangé le cerveau, et qui tue son enfant croyant en faire un ange. — C'est un paysan allemand qui se croit en communication avec un ange, et se persuade avoir été appelé pour le salut du monde, à renouveler le sacrifice d'Abraham, et construit un bûcher pour y attacher son fils.

Ce sont des fous que personne ne pourrait songer à juger, parce que, suivant la judicieuse distinction de M. Brière de Boismont, en même temps que leurs facultés affectives étaient perverties, leurs facultés intellectuelles avaient disparu : — et il a détruit ainsi la confusion sur laquelle sont établis, pour la plupart, les systèmes des aliénistes.

Mais sont-ce là les hommes que nous voyons sur les bancs de la cour d'assises, et qui donnent lieu aux débats sur la monomanie?

L'action la plus rapide, la plus spontanée est toujours précédée par la perception intérieure, par une idée dont elle est inséparable, parce qu'il n'y a pas d'effet sans cause, de fait extérieur sans volonté morale. — L'homme ne fait donc dans un acte qu'obéir à lui-même.

Ainsi, règle générale, si une main a frappé quelqu'un d'un couteau, il faut dire, *a priori*, qu'une volonté libre et intelligente a commandé cette action. — L'état de démence ne se suppose pas; il ne peut résulter d'un fait isolé, sans précédent et sans suite; il doit ressortir clairement des faits et circonstances d'une aberration mentale, d'une perturbation intellectuelle existant avant l'action qu'elle aurait déterminée, et indépendamment d'elle. — Les motifs imaginaires des espèces que nous avons citées sont des exemples qui font mieux comprendre notre pensée et notre distinction entre l'acte de violence d'un insensé et son état mental antérieur.

Il est d'ailleurs d'observation pratique et de simple bon sens que la raison de l'homme ne disparaît pas une minute, pour renaître aussitôt. — Papavoine n'avait jamais donné aucun signe de folie avant son double crime, il n'en a pas offert après : il n'aurait donc été fou que juste le temps voulu pour tuer les deux enfants du bois de Vincennes!

Non. — La raison est une lumière, comme la vie est une force, et que Dieu a mise en nous; il l'a faite trop belle pour qu'elle puisse s'éteindre au moindre souffle. — Elle oscille sans doute au vent des passions, mais elle doit résister avant de disparaître, et cette résistance ne peut passer inaperçue.

Encore une fois, pour aucun physiologiste sérieux, la démence ne peut se concentrer sur le fait unique et isolé d'un crime, et se montrer sans précédent comme sans suite dans l'existence entière d'un homme.

Les vrais criminalistes, qui tiennent compte avant tout de l'intérêt de la société et de la vie des individus, n'admettent pas facilement cette excuse, devenue banale, de la monomanie qu'à défaut de toute autre on veut trouver dans toutes les excentricités des natures perverties : — dans cette immense échelle intellectuelle et morale qui commence au simple caprice pour finir à la folie furieuse la mieux caractérisée, qui donc oserait assigner la limite où finit le libre arbitre, et mettre sur le compte de la démence toutes les lubies des esprits faux, les bizarreries des caractères mal faits, les écarts des mauvaises natures, enfin la violence même de la passion?

Cependant on a rencontré des accusés qui, bien qu'ayant conservé leur intelligence, une conscience entière de leurs actes, déclaraient avoir obéi à un irrésistible penchant, à un mouvement intérieur plus fort que leur volonté, qui les avait ainsi entraînés malgré eux.

Il fallait bien alors, à l'aide d'une distinction qui n'était pas dans l'article 64, créer une situation morale exceptionnelle, et lui donner le nom singulier de folie partielle. — Il y avait là un moyen ingénieux de tourner la loi, et de la faire dévier de son vrai sens, et de son but doublement protecteur; et comme le mot de passion, fût-elle même excentrique et dominante, eût effrayé bien des consciences, on en a trouvé un autre : — c'est celui de monomanie.

Quelques auteurs plus hardis ont osé conserver son vrai nom à la chose, et ont résolûment dit que tout homme entraîné par une passion qu'il n'avait pas pu maîtriser, ou dominé par une idée fixe, par un penchant trop exclusif, par un goût trop dépravé, devait être absous et déclaré irresponsable.

A ce point de vue, il n'y aurait guère de fait criminel punissable, car il n'y en a point qui n'ait eu pour principe et pour cause un penchant vicieux plus ou moins prononcé, une passion plus ou moins violente.

Sans cesse obligé de plier sous les exigences des lois sociales, l'homme est forcé de leur faire de continuels sacrifices : — il doit répondre devant elles des goûts qu'il a trop complaisamment nourris, des désirs qu'il n'a pas étouffés, des passions qu'il a laissées se développer.

Certainement, celui qui s'est laissé dominer ainsi voit diminuer en partie sa liberté morale, et s'obscurcir un peu les lumières de sa raison; — lorsqu'il se laisse entraîner par des penchants désordonnés, il amoindrit aussi sa force de résistance contre les tentations qui le mènent au crime. — La colère qui bouleverse a déterminé plus d'homicides que la folie proprement dite; mais, comme on l'a dit avant nous, il y a cette différence essentielle entre la passion et la folie, c'est que la passion laisse encore agir la conscience, à l'étroit, il est vrai, tandis que la folie l'anéantit tout à fait. — Le trouble de la passion disparaît avec sa cause; celui de la démence persiste après le fait, et tel qu'il existait avant lui.

Aussi la loi a une excuse pour la démence; elle ne pouvait pas en avoir pour la passion : — il n'y a pas une voix raisonnable pour ab-

soudre, dans la passion, l'état violent des sens
le tumulte des facultés qu'elle traîne à sa suite :
— c'est précisément là cet état violent dans
lequel se trouvent, au moment de leur action,
tous les grands criminels.

« Mais, dit-on, il y a des faits tellement excen-
» triques qu'on y cherche vainement une cause,
» une intention, par conséquent. — Il faudrait
» démontrer le but, l'intérêt, le mobile qui a
» fait agir, car sans but, sans intérêt évident,
» sans mobile déterminé, un fait criminel n'a
» pas sa raison d'être, et se trouve dépourvu de
» l'élément moral qui engage seul la respon-
» sabilité de l'agent. — Un crime sans cause
» plausible n'en est pas un; il faut qu'il soit
» accompli comme moyen, pour arriver à un
» but, qui est l'intérêt. »
— Voilà le sophisme.
— Il tombe, nous le croyons, devant la réflexion et l'expérience.
Ce raisonnement s'applique au cours normal
des choses et des relations ordinaires des individus : le sage, lui, sans doute, ne fait rien
sans motif rationnel ; mais l'objection peut-elle

s'appliquer à certaines natures profondément viciées, comme il s'en produit souvent devant les cours d'assises?

Est-il d'ailleurs exact de dire qu'il n'y a dans un crime donné nul motif, nul intérêt, par cela seul qu'ils ne sont pas connus? — Pour être ignorés, ils n'en existent pas moins.

Ainsi, deux jeunes gens furent convaincus d'avoir dix fois mis le feu dans les villages voisins de leur habitation; il n'y avait pour eux nul intérêt apparent, nul mobile de haine ou de vengeance contre les propriétaires des maisons incendiées, nulle affinité avec quelque autre malfaiteur qui les eût fait agir; — bien plus, ils étaient toujours les premiers à donner l'alarme, à crier au feu, à porter les premiers secours, à sauver même les meubles ou les bestiaux; — ils étaient fous suivant le système que nous combattons. — Non; une indiscrétion de cabaret, échappée à l'un d'eux dans l'ivresse, apprit qu'ils n'avaient jamais eu pour but que de se faire donner à boire par les personnes auxquelles ils apportaient ces étranges secours.

Le sergent Bertrand, jugé par l'un des conseils de guerre de Paris, épiait au cimetière les enterrements des femmes ou des jeunes filles, puis il allait la nuit déterrer leur cadavre pour y pratiquer des mutilations qui masquaient de plus odieuses profanations.

Il était sage, rangé, un peu sombre et solitaire, mais exact à son service, et parfaitement intelligent : — on ne voulut expliquer que par la monomanie ou la démence ces immoralités immondes ; il n'y avait pourtant là qu'un goût dépravé, une affreuse perversité qui a ses précédents. — Nous avons lu quelque part que les Égyptiens étaient si corrompus, qu'on ne livrait le corps des femmes aux embaumeurs, que lorsque la putréfaction commençait à s'en emparer, dans la crainte de profanations de même nature.

On se rappelle encore l'assassinat commis par Jobard, en plein théâtre, à Lyon, sur une jeune femme qu'il n'avait jamais vue. — Nul intérêt, nul motif ; et personne du moins ne les eût soupçonnés, s'il avait voulu emporter son secret avec lui ; c'était un fou alors ? — Non ;

pas plus que Bertrand, et il était loin aussi de manquer d'intelligence ; mais il s'était usé dans de grands désordres de conduite et de honteuses débauches ; le dégoût de la vie s'était emparé de lui ; mais un reste de croyances religieuses se combinant dans sa pensée avec la détermination qu'il avait prise de mourir, le suicide, qu'il regardait comme un crime, lui ôtait la possibilité de se réconcilier avec Dieu. — Dès lors, il s'était ménagé un étrange repentir en tuant, pour amener une condamnation qui remplissait son double but, la première femme qu'il devait au théâtre rencontrer à sa portée.

Que deviennent les théories en présence de pareils faits, juridiquement établis ?

L'intérêt de Jobard, c'est celui d'un odieux égoïsme.

Qui peut donc sonder, à défaut de tels aveux, les mystères de certaines consciences ?—Quelle étude psychologique assez fine peut jamais pénétrer les sombres profondeurs de ces organisations perverties ? — Un instant de réflexion, ou plutôt d'aspiration vers Dieu, vers les fins providentielles de la création, suffit pour comprendre toutes les vertus de l'homme de bien ; mais il faut avoir la triste expérience de la vie, et se faire à soi-même une sorte de violence morale, pour se rendre compte de ce que l'âme des scélérats renferme de vicieux ferments et d'éléments criminels.

Il est des démoralisations précoces ou lentement acquises, des frénésies voulues, des instincts du mal développés par la passion, et dans les natures maudites des déterminations de volonté bien étranges, sans qu'on puisse savoir quelle brise fatale a passé sur elles, quelles influences mauvaises les ont empoisonnées. — D'où vient à certains hommes ce besoin de faire le mal, ce génie de la destruction ? — Nul ne le sait, nul ne le soupçonnait ; un grand crime le révèle, mais aucun symptôme antérieur ne peut souvent l'expliquer, il faut pourtant bien en reconnaître l'existence. La cause nous échappe, mais elle existe, car l'effet est là sous nos yeux à la cour d'assises.

Ces criminels sont dominés par une idée fatale de meurtre, comme Papavoine ; poussés par un goût dépravé, comme Bertrand ; entraînés par un désir effréné d'incendie. — Soit !

Ils n'en sont pas moins responsables, par cela
seul qu'ils n'ont pas repoussé toutes ces incitations, à leur première sollicitation.

Est-ce qu'à un autre point de vue de l'objection que nous citions tout à l'heure, cette idée,
ce goût, ce désir ne constituent pas par eux-
mêmes l'intérêt, le mobile de l'action criminelle
qu'on veut couvrir du nom scientifique de monomanie? — Pourquoi donc demander un but
éloigné, séparé de cette action, quand il est si
prochain, quand il se confond avec elle?

Celui qui tue pour le seul plaisir ou plutôt
pour la seule émotion du meurtre, comme
Hélène Jégado à Rennes, est de la même
famille criminelle que les femmes et les jeunes
filles qui brûlent plusieurs fois dans quelques
jours des fermes, des étables, des récoltes,
même celle de leur propre famille, pour la
seule jouissance de voir monter la fumée, de
faire briller la flamme, d'entendre crier au feu,
de voir courir la foule. — Dans les calamités
publiques de cette nature, vous trouvez de ces
monstrueuses organisations. — Est-ce que toutes ne se satisfont pas par l'action elle-même?
— L'émotion est directe, elle est instantanée,

et il n'y a pas de distance appréciable entre le but et le moyen : — le but et le moyen, c'est une seule et même chose, c'est un mobile et un intérêt confondus.

C'est là, nous le croyons, où viendront toujours se briser les systèmes préconçus sur la monomanie.

Il y a quelque chose de plus précieux que l'individu qu'ils veulent ainsi protéger, c'est la société, et les théories qui la sauvent auront toujours plus de poids aux yeux des hommes sages que les systèmes qui la perdent en la démoralisant.

CHAPITRE XXIV.

L'IVRESSE.

Il n'est pas de question peut-être qui revienne plus souvent occuper les débats de cours d'assises que celle de l'ivresse; parce qu'il n'y a pas de vice ou de passion qui cause plus d'excès et entraîne plus de crimes. — C'est pourquoi nous lui devons une place dans ces études.

Il n'y a guère de spectacle plus affligeant que celui d'hommes pris de vin, de vice plus dégradant que celui qui, annihilant l'éducation et l'intelligence, établit une sorte d'égalité, dans la dégradation et l'abrutissement, entre d'élégants débauchés qui sortent d'une orgie et de grossiers paysans qui sortent du cabaret, ou des ouvriers bruyants rentrant le soir d'un dimanche des barrières ou de la banlieue d'une grande ville industrielle.

Leur rencontre est toujours désagréable et

souvent dangereuse. — Ceux qui n'ont pas eu de respect pour eux-mêmes n'en sauraient avoir pour personne. — Beaucoup sans doute passent inoffensifs, d'un pas chancelant et d'un œil hébété : c'est le côté triste de l'ivresse. — Il en est d'autres qu'elle rend agressifs : c'est son côté dangereux. — Les gens ivres sont toujours prêts à insulter les femmes qui marchent isolées, à provoquer leurs compagnons de route ou de débauche, à susciter une querelle, à engager une rixe avec des passants paisibles. — Les violences sont la suite naturelle de la surexcitation du cerveau; si l'injure commence, les coups suivent de près; il semble qu'il n'y ait pas d'autre emploi pour les forces qui restent aux ivrognes.

Le vice qui s'attaque aux sources mêmes de la pensée trouble aussi celles de la moralité; le vice qui abaisse le niveau des facultés abaisse en même temps celui des sentiments; et lors même que nous n'avons à demander compte à l'ivresse que des désordres qu'elle amène dans la société générale, nous ne pouvons oublier, comme moraliste, qu'elle avait commencé par mettre la perturbation dans la société particulière, c'est-à-dire dans la famille.

Nous avons toujours eu une pitié profonde pour la femme d'un ivrogne. — Elle voit incessamment l'homme auquel elle a confié son existence et l'avenir de ses enfants apporter du dehors les influences du cabaret, ses grossiers propos, ses enseignements funestes; et il n'y a pas assez de mépris pour celui qui a tué peu à peu le respect dans le cœur des enfants, et qui a mis le dégoût dans les devoirs de l'épouse.

Les Grecs présentaient, au moyen d'ilotes pris de vin, l'ivresse à leurs enfants, pour les garantir par le dégoût d'un semblable abrutissement; mais ils n'avaient jamais imaginé de lui faire les honneurs d'une théorie philosophique.

L'ivresse a eu chez nous cette bonne fortune, mais nous craignons bien que ceux qui en ont voulu faire une excuse pour les crimes qu'elle fait commettre ou que par ses excitations elle a rendus plus graves, ne se soient encore une fois, comme pour la monomanie, préoccupés davantage d'un intérêt particulier que de l'intérêt général, de la faiblesse humaine que de la sécurité sociale.

Ils disent :

« L'ivresse diminue la résistance naturelle
» à l'entraînement vers le mal; elle prive
» l'homme de la faculté d'associer ses idées
» et ses sensations, de percevoir justement les
» choses, de les comparer, d'en saisir les rap-
» ports; — elle rompt l'équilibre de la double
» nature de l'homme, affaiblit l'influence de
» l'âme, en augmentant d'autant l'influence du
» corps; — il perd ainsi ses inspirations pro-
» pres, pour conserver, sans contrôle, les in-
» stincts de la brute, et sa raison ne partici-
» pant plus à ses actes, il n'y a plus en lui de
» personne morale et partant d'agent res-
» ponsable. »

Ce système, que nous ne croyons pas avoir affaibli en le résumant, en le condensant en quelques lignes, a le premier tort d'être absolu, tout d'une pièce, et bâti complaisamment sur l'hypothèse, la plupart du temps gratuite, d'un abrutissement complet : — il est par là plus abstrait que pratique.

Les vrais jurisconsultes de tous les temps,

les hommes sensés et prévoyants qui voient bien plus la femme attaquée dans sa personne et dans ses mœurs que l'ivrogne qui lui a fait violence, la victime que le meurtrier, répondent, comme l'a toujours fait la cour de cassation, que les mœurs publiques doivent passer avant les passions individuelles, dans l'idée protectrice de la loi, et qu'un vice ne saurait jamais couvrir et excuser un crime.

Il serait, en effet, profondément immoral ou d'un déplorable exemple qu'on trouvât son impunité dans un fait volontaire et répréhensible en lui-même.

Les anciens l'entendaient bien ainsi, et ils sont en cela nos maîtres : — pour eux l'état d'ivresse aggravait le délit, et leur législation avait deux peines distinctes, l'une pour le crime, l'autre pour l'ivresse. — Une ordonnance de François Ier porte : « S'il advient que » par ébriété un ivrogne commette un mauvais » cas, ne lui sera pour cette occasion pardonné, mais sera puni de la peine du délit, » et davantage pour cette ébriété. »

Le roi François Ier formulait en législateur

ce qu'Aristote et Quintilien avaient pensé en philosophes.

Les Anglais, à leur tour, appellent l'ivresse : *volontarius demon*, un démon volontaire, et Filangieri, ce grand réformateur des pénalités excessives, disait, pour condamner l'ivresse, c'est-à-dire les crimes commis sous son empire : — *Il y a le mal dans l'effet, parce qu'il y a le mal dans la cause.*

L'ivresse est une expression trop générale pour servir de base à la théorie que nous combattons : — on s'est placé à un point de vue extrême, systématique, sans tenir compte des faits les plus habituellement soumis aux cours d'assises.

Quelle échelle à parcourir depuis l'ivresse légère jusqu'à l'ivresse complète; depuis le stimulant passager qui augmente les forces jusqu'à la stupeur du coma qui les anéantit avec les facultés ! — Dans les cas les plus ordinaires, l'ivresse qui accompagne ou détermine un crime offre un caractère à peu près constant : c'est un état plus vif que l'état naturel, mais qui double l'audace et l'entraînement vers le mal; — c'est une certaine excitation nerveuse, une irritabilité plus grande des organes cérébraux, et qui donne au caractère ce qui lui manquait peut-être d'énergie pour l'action, et ne fait que développer des instincts de brutalité qui n'attendaient qu'un stimulant étranger; — c'est enfin une augmentation de vitalité ou une expansion plus violente de la nature habituelle d'un individu.

C'est dans ces conditions pourtant qu'est née l'assimilation de l'ivresse à la démence de l'article 64, car il faut aller jusque-là pour l'admettre comme excuse du crime.

Il y a une confusion évidente entre le fait accidentel, passager, mais volontaire, de l'ivresse, et les phénomèmes permanents, et surtout involontaires, de l'aliénation mentale.

— Tout est dans cette distinction.

On a forcé les exemples pour y trouver à tout prix quelques traits similaires, quelques caractères d'analogie avec le dérangement des facultés; et pour les besoins d'un système on a supposé l'état d'un homme qui n'a plus la connaissance ni de lui-même ni des autres, qui n'est plus qu'une machine sans direction, qu'une brute sans volonté propre, qu'un automate sans conscience, n'obéissant plus qu'au hasard, et agissant à la fois et sans cause et sans but. — Alors on se croit fort, en soutenant qu'il n'y a plus là, pour la responsabilité, ni volonté libre, ni personne morale : — seulement, c'est un portrait de fantaisie, et nul n'a vu sa personnalité sur les bancs de la cour d'assises.

Le système néanmoins prend quelques précautions : — on dirait qu'il a peur de mettre la pudeur des femmes et la vie des honnêtes gens à la merci des ivrognes. — Il déclare alors qu'il n'entend nullement protéger l'ivresse voulue, cherchée, habituelle; mais c'est là une contradiction avec la doctrine que nous avons analysée et qui n'admet dans ses termes aucune espèce de distinction.

Comme la passion, à laquelle il est beaucoup plus juste de l'assimiler, l'ivresse laisse encore agir la conscience que la démence fait disparaître. — L'ivresse exalte les facultés; encore une fois la folie les annihile tout à fait.

M. Faustin Hélie l'a dit bien mieux que

nous : — « La démence n'est pas dans la loi
» une expression générique pour toutes les
» aberrations des esprits faux et des ivrognes. »

Ce serait, en effet, d'un bien funeste exemple qu'un homme, après s'être abandonné à ce vice honteux de l'ivresse et avoir commis un crime, pût venir dire en public avec quelque chance de succès : *Je n'ai pu résister ; le vin a été plus fort que moi.*

Lorsque les magistrats auront sauvé de ces pernicieux systèmes les vrais principes de la morale et de la loi, ne leur faudra-t-il pas quelquefois tenir compte, mais dans la mesure de la peine seulement, de quelques surprises des sens, d'accidents étrangers aux habitudes, et d'un état d'ivresse qui n'est qu'une exception dans la vie d'un accusé? — C'est là une tout autre question, et qui ne compromet aucun principe. — Il sera permis au moraliste et spécialement au magistrat de chercher là, non une excuse, mais un élément d'atténuation et un motif de faire une juste application de l'article 463.

Ces réserves faites, les statistiques nous apprennent que l'intempérance a une part énorme dans la criminalité : — on voit figurer l'ivresse dans 94 accusations d'assassinats sur mille ; dans 177 accusations de meurtre ; la proportion s'est élevée jusqu'à la moitié dans les violences moins graves. — En Bretagne même, nous avons vu des sessions d'assises où l'on rencontrait le fait d'ivresse dans les trois quarts des affaires de coups et blessures ayant occasionné soit la mort, soit une incapacité de travail de plus de vingt jours ; — quant aux attentats à la pudeur, l'ivresse est leur compagne à peu près assidue.

Tout cela doit assurément donner à réfléchir.

La conclusion est la même pour le philosophe que pour le criminaliste, pour le moraliste que pour le magistrat : si l'ivresse est proclamée une excuse, il n'y a plus de sécurité pour personne ; si elle est un brevet d'innocence, elle deviendra dans l'opinion une promesse d'impunité pour tous les crimes qui sont nés d'elle, qui n'existeraient peut-être pas sans elle : — car elle contient le mal en germe, elle est le mal lui-même ; et voilà ce qu'il faut dire sans cesse à la foule qui nous écoute et qui se presse à nos audiences : — trouver une excuse dans une mauvaise passion, ce serait approuver tous les excès qu'elle fait commettre.

C'est en cette matière surtout que magistrats et jurés, nous avons à remplir de sévères devoirs. — Il ne faut jamais oublier que le peuple est là qui nous écoute, et que nous lui devons à la fois des exemples de sagesse et des enseignements de moralité : — ne serait-ce pas donner en quelque sorte satisfaction à ses penchants les moins combattus, et entretenir son vice le plus caressé, que de trouver et de consacrer une semblable excuse pour une action défendue par la loi ?

Ne serait-ce pas un malheur si ce vice de l'ivresse, que condamne la raison publique, était absous par la justice? — Ne serait-ce pas dire à tous que le vin est une sorte d'eau lustrale pour laver tous les crimes et proclamer à la fois l'inviolabilité légale de l'ivrogne et la glorification du cabaret?

En principe donc, l'ivresse ne doit jamais être une excuse, mais elle peut quelquefois seulement être une atténuation.

CHAPITRE XXV.

L'OMNIPOTENCE DU JURY. — L'IMPUNITÉ.

Le jury, pour l'exercice du pouvoir qu'il a reçu de la loi de déclarer, en fait, innocent ou coupable l'homme qui devant lui est accusé d'un crime, met sa sentence sous la sauvegarde d'une grande idée de justice. — Car il prend à témoin de la vérité qu'il va proclamer par la bouche de son chef, non-seulement son honneur et sa conscience, mais encore Dieu et les hommes.

Nous n'avons jamais pu comprendre comment la doctrine abusive qu'on a nommée l'omnipotence du jury, était sortie d'une mission aussi solennellement accomplie.

Si pourtant, malgré l'évidence, un fait réellement punissable venait à être déclaré innocent par un pouvoir ainsi compris, ce qui ne serait autre chose qu'un arbitraire organisé,

nous ne craignons pas de dire qu'il y aurait là
à la fois un scandale et un malheur publics. —
Nous parlons, bien entendu, d'une certitude juridiquement acquise et éclatante pour tout esprit sincère, mais non assurément d'un doute,
d'un scrupule de la conscience, qui doit toujours profiter à l'accusé. — Nous tenons avant
tout à ce que cela soit bien compris.

S'il pouvait, au contraire, être permis à des
hommes revêtus du caractère de juges d'ab-
soudre dans leur décision ce qu'ils condamnent
dans leur conscience, ils saperaient les bases
de la loi, et dans son application même ils fe-
raient périr son principe; car ils s'arrogeraient
une puissance au-dessus de celle qui a créé
leur juridiction.

Des voix imprudentes, des sophistes intéres-
sés ont seuls préconisé cette doctrine de l'omnipotence du jury, et lorsque, dans les jours où
la justice n'avait plus qu'à se voiler la face,
il en a fait un déplorable usage, il a accepté là
un de ces présents funestes qui compromettent
les plus belles institutions.

Il faut vous défier de ce don illimité, de ce
pouvoir exorbitant, surtout lorsqu'on vous dit

que vous n'en devez rendre compte à personne;
— c'est par de pareilles flatteries qu'on a égaré
et perdu toutes les souverainetés de ce monde;
et nous craignons bien qu'en proclamant l'omnipotence du jury, on ne fasse un appel à
l'orgueil de l'homme, au lieu de ne parler
qu'à la sagesse du juge.

Le président des assises semble aussi avoir
reçu de la loi un pouvoir sans limites, puisqu'elle est allée même jusqu'à le nommer discrétionnaire; mais cette arme en ses mains est
un élément de justice pour aller à la vérité,
et non un instrument d'arbitraire pour consacrer l'erreur des faits et la violence faite aux
principes : — la loi ne peut l'affranchir des
formes sacramentelles ni des règles d'équité
qui sont, comme nous l'avons dit, les garanties de la défense comme de l'accusation. — Si
elle lui a donné, non pas son omnipotence, il
ne veut pas de ce mot qui est trop compromis,
mais son pouvoir discrétionnaire, elle a mis
en même temps l'usage de cette puissance sous
la sauvegarde de sa conscience, sous la responsabilité de son honneur.

— Les devoirs du jury sont donc aussi écrits dans ces deux mots : *honneur* et *conscience.*

Sans doute, en abusant des termes du langage, il peut tout, rigoureusement parlant, mais par cela seul qu'il exerce une partie considérable de la puissance publique, il relève de deux puissances plus grandes : *Dieu et la justice.*

Cambyse, voulant épouser sa propre sœur, demanda à son conseil si cela était permis par les lois du pays; ceux de ses conseillers qui voulaient lui complaire répondirent : — *Il n'y a pas de loi dans le royaume qui permette ce mariage, mais bien une cependant qui permet aux rois de faire tout ce qu'ils veulent,*

Dans une flatterie indigne, Cambyse sut trouver une sévère leçon.

Nul ne sait user de la puissance que celui qui sait se contraindre, disait saint Grégoire, — c'est simple et vrai; les rois dignes de ce nom ne veulent pas tout ce qu'ils peuvent, et les jurés doivent user de leur pouvoir avec la discrétion des rois justes. — Leur guide est dans l'esprit de la loi qui leur a donné ce pouvoir, mais il est encore plus dans la conscience qui le règle, et le seul caractère qu'ils doivent imprimer à une décision judiciaire, pour lui mériter le respect, c'est la sincérité.

C'est de l'omnipotence principalement qu'est née l'impunité : — le mal qui était dans la cause devait se trouver dans l'effet; et pour y arriver il est fait un appel aux juges du fait, par trois considérations personnelles à l'accusé et invariablement reproduites :

— L'ignorance de la loi;

— Le défaut de préjudice actuel pour la partie lésée;

— Le sentiment d'intérêt ou de pitié qui s'attache soit à l'accusé, soit à sa famille.

Il y a bien peu de malfaiteurs, s'il en existe, qui ne connaissent la responsabilité qu'ils ont encourue. — La loi qu'ils ont violée et méprisée dans leur passion, ils sauraient bien l'invoquer dans leur intérêt, et il n'en est pas un seul qui voulût souffrir pour lui ce que l'accusation lui reproche d'avoir fait à autrui; — pas un seul qui ne se plaigne d'une injustice commise à son égard, et qui, moraliste très-pénétrant, ne découvre quelques fautes de caractère ou de conduite dans les témoins qui déposent contre lui, ou ne cherche sa justification dans une sorte de droit naturel à son usage, et qui lui permettait de se faire justice à lui-même.

`C'est qu'il y a toujours, en tout homme, une loi supérieure aux passions, et qu'il sait fort bien invoquer lorsqu'il se trouve blessé dans sa personne ou dans ses intérêts.

Un vol a été commis; l'argent est retrouvé ou restitué, peu importe:.— il n'y a plus de dommage, de préjudice à réparer; partant, plus de fait actuellement punissable; voilà ce que nous avons bien souvent entendu soutenir devant la cour d'assises.

Il y a là un oubli complet des saines notions du droit criminel : —nous ne sommes pas, en effet, sous l'empire d'une législation matérialiste, et il y a autre chose dans une action définie crime qu'un préjudice matériel à réparer; autrement on effacerait d'un trait la tentative, que la loi punit de la même peine que si le fait avait été consommé. — Cette simple observation serait à elle seule décisive, mais n'est-il pas des considérations d'un ordre plus élevé et qui pèsent d'un plus grand poids:

— ne doit-on pas se préoccuper de la gravité morale d'un délit plutôt que de son élément dommageable ? — A côté de la loi générale qui suffirait à la réparation du préjudice, il y a la loi pénale qui punit l'intention criminelle engagée dans l'action par laquelle l'accusé s'est emparé frauduleusement de la chose d'autrui.

La restitution peut répondre à la première de ces exigences ; la seconde reste à accomplir. — La loi civile est satisfaite ; la loi morale, la loi pénale ne l'est pas.

L'intérêt qui s'attache à la personne et surtout à la famille d'un accusé parle à tout homme sans doute : — il a commis un meurtre dans l'entraînement d'une violente passion ; mais sa vengeance satisfaite, sa colère est tombée en même temps que sa victime ; il sent alors sa faute, il la déplore, il pleure et se repent.

— Il y a là un élément pour la commisération !

— Y en a-t-il un aussi pour l'impunité ?

La morale publique, qui fait partie de la justice, ne lui permet pas de prendre la pitié pour son unique guide. — Il ne faut pas démander la règle de ses décisions à la nature sensible de l'homme qui l'égare si souvent, mais à la raison du juge qui ne le trompe pas.

L'intérêt, dans le cas assez fréquent que nous venons d'indiquer, est-il d'ailleurs concentré exclusivement sur la personne de l'accusé? — Oui, pour les esprits superficiels ou prévenus qui ne veulent regarder qu'un seul côté des choses, mais non assurément pour ceux qui voient bien plus le mal fait par un crime, que le mal qui peut résulter de son châtiment.

C'est l'homme qui l'a souffert plutôt que celui qui l'a fait qui mérite sympathie! — Les larmes d'un meurtrier ne peuvent pas effacer le sang de celui qui a été sa victime; son repentir n'y suffira pas, car s'il est sincère, c'est un soulagement plutôt qu'un châtiment, et le châtiment seul peut expier un crime.

— Et puis, ce n'est pas seulement la vie d'un homme qui a été sacrifiée à la satisfaction d'une passion, il y a la violation de la loi de la conservation des êtres, et c'est la société qui a été frappée dans le principe de l'inviolabilité de la vie. — Il y a donc là le mal moral, bien plus grand que le mal matériel.

Il n'y a dans ce cas de refuge légal pour la sensibilité que dans la mesure des circonstances atténuantes.

Cette question nous rappelle l'exemple du grand caractère d'un juge de l'antiquité : — *Pourquoi pleurez-vous sur cet homme*, demandait-on à Bias, *puisque vous le condamnez ? C'est*, répondit-il, *qu'on doit à la fois suivre la nature et obéir à la loi.*

La loi du devoir, en effet, ne mériterait pas ce beau nom, si elle n'imposait pas des sacrifices à notre sensibilité et si la sévérité du juge n'y trouvait pas en même temps sa règle et sa consolation.

Sans doute, dans toute punition il y a une affliction pour quelqu'un, mais c'est précisément là le sacrifice qu'exige l'utilité publique de la répression. — Le meilleur moyen de manifester notre amour pour le bien, c'est de montrer une vive répulsion pour le mal.

Lorsque l'erreur ou la faiblesse consacre une flagrante impunité, le peuple ne sait plus discerner ce qui est permis de ce qui est réprimé. — L'impunité fait douter de la justice à la foule et trouble ses notions, quelquefois confuses, du juste et de l'injuste.

Si elle se répétait, elle aggraverait le mal déjà fait; l'ordre et la morale en recevraient de nouveaux et plus graves échecs et abaisseraient fatalement leur niveau. — On perdrait ainsi le bénéfice de la publicité des débats, qui doit donner pourtant sa signification à la pénalité, et à la cour d'assises l'évidence de sa haute mission.

Ce n'est donc pas sans motifs que nous avons uni ces deux mots : — omnipotence, — impunité. — Ils découlent l'un de l'autre, ils sont corrélatifs, c'est-à-dire que, corollaires d'une même erreur judiciaire, ils blessent du même coup les deux grands principes de la justice : — la vérité et l'équité.

CHAPITRE XXVI.

Au moment de clore ces études sur ce que les affaires ordinaires et les accusations les plus habituelles des cours d'assises semblaient offrir à notre esprit de plus philosophique, nous sentons la nécessité d'en résumer en quelques mots les points les plus saillants.

Les doctrines et leurs déductions doivent tendre toujours à dominer les faits et à leur imprimer une signification morale, comme elles doivent venir agrandir les questions qui sortent du débat, mais dans la proportion que comporte naturellement chaque affaire; autrement, ce serait une superfétation. — La mesure en toute chose fait son utilité.

Au premier plan du livre devait être la loi:

— c'est la clef de voûte de l'édifice social. — Elle est la raison écrite et supérieure d'une époque et formule en préceptes les devoirs obligatoires des hommes, tout en fixant leurs droits, comme elle règle les rapports de tous les éléments d'ordre et de moralité, les plus essentiels à la conservation de la société civile. — En tenant compte des mœurs générales, elle y met la règle et y organise la discipline. — Son action souveraine est de poser des principes et de réprimer leur violation.

La justice ne fait pour ainsi dire qu'un avec la loi : — c'est la sanction active de ses prescriptions, le pouvoir armé pour leur exécution.

Nous ne croyons pas avoir affaibli son autorité en lui associant la philosophie : — nous pensons au contraire les avoir relevées l'une par l'autre, en donnant à la philosophie la base pratique qui manquait à ses théories pour devenir des réalités vivantes, — et à la justice des vues plus largement spéculatives qui impriment à ses décisions un caractère plus élevé d'utilité sociale et d'éducation publique.

C'est sur le terrain commun du bien public

et de l'amélioration des hommes que le moraliste et le magistrat doivent se rencontrer. — C'est à travers les grands principes qu'ils doivent se donner la main et marcher à la découverte de la vérité par la voie des saines doctrines et de ces points élevés d'où, comme le dit si bien Fontenelle, on découvre de plus vastes pays.

Priver la justice de la philosophie, ce serait l'isoler de sa lumière. — Avec son secours, au contraire, elle comprendra bien mieux que, dans la sphère d'activité des hommes en société, où les forces sont au service d'une volonté libre, on doit leur demander un compte plus sévère de l'emploi qu'ils auront fait de ces forces et de cette volonté, en portant atteinte à l'ordre général. — C'est quand on a proclamé des principes qu'on sent mieux la nécessité de réprimer leur violation. — C'est lorsqu'on a plus complétement montré le bien, que l'on éprouve plus vivement le besoin de punir le mal.

C'est là du moins l'idée que nous nous sommes faite de la loi et de la justice.

C'est aussi ce qui nous a fait exprimer la pensée que pour les magistrats l'étude et le savoir font partie de leurs obligations, et que leurs qualités doivent s'élever à la hauteur de leurs devoirs.

Quant aux jurés, il ne sont libres qu'à la condition d'être sincères, et leur probité d'hommes ne peut se séparer de leur conscience de juges. — C'est à ce point de vue que nous avons dû parler sévèrement de ce mensonge judiciaire qu'on appelle l'omnipotence, et de ce scandale public qu'on nomme l'impunité.

Nous n'avons pas cru à l'infaillibilité d'une science, lorsqu'elle déclare en démence l'homme que nous avons vu, en commettant un crime, satisfaire un désir, poursuivre un but, choisir ses moyens d'action, et cacher ses résultats; — lorsqu'elle a pris en lui la passion pour la folie, et les goûts dépravés de sa nature pour les aberrations de son intelligence.

L'ivresse n'a pu aussi être admise comme excuse, ni le vice prendre rang parmi les immunités de la loi, lorsque l'homme surtout avait volontairement abdiqué une partie de sa raison et éteint la lumière que Dieu avait mise en lui.

Le tableau de la criminalité à notre époque paraîtra sombre peut-être, mais il n'est pas chargé. — Nous n'avons voulu effrayer personne, mais mettre tout le monde en garde et avertir l'opinion, afin de réunir toutes les forces de résistance à l'invasion du mal, et bien moins étaler des plaies sociales qu'indiquer leur guérison.

C'est là une des douleurs de ceux qui sont appelés à contempler de plus près la société, à compter ses vices, à sonder ses misères; comme le médecin des hôpitaux qui sait, à travers les désordres de l'organisme, trouver le secret des forces vitales et les moyens de salut.

Si nous avons traité la passion avec quelque rigueur, c'est que nous avons trouvé en elle l'ennemie née du bien public et du bonheur particulier, et la source commune du crime et du malheur. — Nous avons toujours rencontré son action pour fausser les instincts et pervertir les sentiments, pour affaiblir les devoirs et développer les convoitises. — C'est par elle, en effet, que commencent les incrédulités; après les faiblesses du cœur, les défaillances de l'esprit.

Nous avons pris la famille pour exemple des désordres que la passion entraîne avec elle, parce que c'est dans ce cercle que la haine, l'égoïsme et la cupidité ont marqué le plus profondément l'empreinte de la passion.

Pas plus que les moralistes, la justice n'a la prétention de détruire les passions; mais elle doit avertir sans cesse du mal qu'elles doivent faire, par le spectacle du mal qu'elles ont déjà fait; indiquer leur résultat, lorsqu'on cède à leurs exigences, et montrer le chemin par lequel elles conduisent vers l'abîme, comme leur marche de plus en plus précipitée, lorsqu'on n'a pas le courage de les arrêter à leur début. — Éclairer une route, c'est en montrer tous les périls.

C'est ainsi que nous devions aussi demander compte à la société de ses fatales tendances, des influences mauvaises que l'abandon des voies droites, le développement exclusif des affaires, la prédominance des intérêts matériels ont jetées sur les mœurs pour les corrompre et les entraîner vers le mal par la pente la plus rapide : — nous devions étudier cet état moral dans ses racines, puisqu'à la cour d'assises nous avions ses effets sans cesse sous les yeux.

De là il y avait un rapprochement logique, un rapport forcé même entre le dérèglement des mœurs et l'intensité des crimes, entre l'affaiblissement des croyances et le relâchement des doctrines, entre l'abaissement des caractères et le développement de la perversité.

On nous trouvera sévère sur la pénalité. — Nous n'avons voulu pourtant mettre en action qu'une stricte justice, ayant fait par ailleurs une part assez large au doute, à la timidité naturelle du jury en faveur des accusés. — Trouvant partout des degrés dans la culpabilité, il devait y en avoir pour nous dans la peine, et nous avons longuement insisté pour que les circonstances atténuantes demeurassent dans les attributions du jury. — Le niveau, l'absolu a un caractère impersonnel qui n'est pas de ce monde ; et les magistrats d'ailleurs, en mettant l'équité dans la modération, ne mettront que plus efficacement la justice dans la sévérité.

Nous avons dit, d'un côté : *indulgence* et *commisération* pour les faits d'une secondaire importance, pour les faiblesses d'un jour, les défaillances momentanées ; mais de l'autre : *inflexibilité* pour les grands attentats, pour les corruptions invétérées, surtout pour les athées systématiquement criminels de l'école de Lacenaire : — s'ils ne redoutent pas la justice divine, ils faut qu'ils craignent du moins la justice des hommes, et qu'ils la reconnaissent pour légitime à ses sévérités mêmes.

Sans doute, ces doctrines de haute équité juridique ne détruiront pas entièrement le mal, mais elles l'amoindriront si elles sont sévèrement appliquées. — C'est là notre confiance dans la mission des cours d'assises ; en lui faisant sa part et en frappant le crime présent d'une main sûre et ferme, elles décourageront peut-être le crime à venir.

C'est à ce point de vue de la pénalité que nous y avons trouvé la sanction morale de la loi, le dernier mot de la justice : — c'est une expiation pour le coupable, l'exemple du châtiment pour la foule, la réparation du mal moral pour la philosophie, le rétablissement de l'ordre pour l'État.

Nous voudrions donc sur ce point voir élever les questions, à la cour d'assises, en les rattachant à des principes d'ordre, de perfectionnement pour le condamné, par la seule voie du repentir dans l'expiation, de moralisation pour le peuple par le spectacle de cette punition. — Dans le châtiment du coupable d'aujourd'hui, il faut qu'il y ait le salut de celui qui allait faillir dans la même voie, poussé par la même passion.

Sans doute il vaudrait mieux que l'image seule du mal rendît plus solide au cœur l'amour du bien, et que l'exemple de la faute eût autant d'influence que celui de la peine qui lui est infligée; mais il ne faut pas trop l'espérer, et c'est là que la philosophie toute seule est impuissante.

La publicité a pesé toujours d'un très-grand poids dans les arrêts des tribunaux. — Dans la législation de Moïse, les jurés, choisis dans la capitale de chaque tribu, siégeaient à la porte même des villes pour rendre la justice, comme pour avertir quelle peine y attendait celui qui troublerait l'ordre établi.

Il y a là un grand enseignement, un solennel hommage rendu à l'influence des décisions judiciaires sur les mœurs publiques. — Si la philosophie nous dit que tout a sa raison, son sens social, son but civilisateur, dans les arrêts criminels c'est ce but, cette signification que les magistrats ont pour tâche et pour mission de dégager des faits et de mettre en lumière aux yeux de tous, pour mieux inculquer dans les masses les principes de morale et de civilisation que le législateur a généralisés dans les différents textes de la loi pénale.

— Le public ne s'y trompe pas.

— Il y a dans tout homme, quelles que soient son intelligence et son éducation, par les lumières naturelles que Dieu lui a données, lorsque l'intérêt ou la passion ne les a pas obscurcies, l'idée d'une loi supérieure à cet intérêt et à cette passion. — Le peuple rend hommage, à ce point de vue, à l'œuvre des législateurs et des juges; il sait bien que la décision qui rétablit l'ordre est aussi philosophique que la loi qui l'a créé, que la main qui redresse un édifice qui s'écroule est aussi généreuse et nécessaire que celle qui l'a construit.

— Voyez l'état de l'opinion à l'annonce d'un grand crime, lorsqu'une famille entière a été égorgée et sa maison mise au pillage. — Pourquoi cette agitation intérieure qui saisit tout le monde? — cette souffrance individuelle pour un malheur qui nous est étranger? — Il n'y a pas là seulement une impression douloureuse pour la sensibilité, mais une blessure morale profonde, attachée à la violation de deux grands principes des sociétés.

Pourquoi, au contraire, ce soulagement de la conscience attaché à la condamnation des coupables, cette satisfaction involontaire du coup qui frappe juridiquement de nouvelles victimes? — C'est qu'il y a là une notion du droit rendu visible, l'idée du juste dans sa plus éclatante manifestation; — c'est que la foule verra toujours dans la punition des méchants une protection pour les bons; — c'est la distinction du bien et du mal mise à la portée de toutes les intelligences. — La propriété, le fruit du travail et de la conduite seront rendus plus

sacrés par le verdict d'hommes de bien qui
punissent le vol, et il n'y a pas de thèse philosophique sur l'inviolabilité de la vie humaine
qui vaille l'arrêt de mort qui condamne un
assassin. — Ce jour-là fait plus pour l'éducation morale du peuple que toutes les théories
qui flottent de trop haut et de trop loin sur la
foule pour frapper son esprit. - La moralité
du crime, c'est sa punition.

Sur la pénalité, nous voulons résumer en
deux mots la pensée fondamentale de notre
œuvre, en plaçant à sa base le triomphe de la
vérité morale; au sommet, l'intimidation!

Telle est la pierre que nous avons cru devoir
apporter à l'édifice de l'ordre public, auquel
tout magistrat doit consacrer non-seulement
son dévouement public, mais le fruit de ses études et de ses méditations et toutes les facultés
actives de son intelligence.

FIN.

TABLE.

EXTRAIT DU CATALOGUE DE LA LIBRAIRIE H. PLON.

ROLLAND DE VILLARGUES. — **Les Codes criminels interprétés par la Jurisprudence et la Doctrine**, suivis d'un formulaire contenant les qualifications légales des crimes et des délits adoptées par la chambre des mises en accusation de la Cour impériale de Paris; par M. ROLLAND DE VILLARGUES, vice-président du tribunal de première instance de la Seine, chevalier de la Légion d'honneur. 1 fort vol. grand in-8 à deux colonnes. **16 fr.**

ÉLÉMENTS DE DROIT PÉNAL. Pénalité — juridictions — procédures, — suivant la science rationnelle, la législation positive et la jurisprudence, avec les données de nos statistiques criminelles, par M. ORTOLAN, professeur à la Faculté de droit de Paris. 1859. 2ᵉ édition. 1 vol. in-8 de 900 pages. **12 fr.**

J.-A. ROGRON.—**Les Codes français expliqués par leurs motifs, par des exemples et par la jurisprudence**, avec la solution, sous chaque article, des difficultés ainsi que des principales questions que présente le texte, la définition des termes de droit et la reproduction des motifs de tous les arrêts-principes, suivis de formulaires; ouvrage destiné aux étudiants en droit, aux personnes chargées d'appliquer les lois, et à toutes celles qui, désirant les connaître, n'ont pu en faire une étude spéciale. 4ᵉ édition, 2 forts volumes in-4, contenant la matière de plus de 20 volumes in-8. **35 fr.**

— Id. *Code Napoléon expliqué*. 16ᵉ édition, 2 énormes vol. grand in-18, contenant 3450 pages. **15 fr.**

— Id. *Code de procédure civile expliqué*. 9ᵉ édition, 2 énormes vol. gr. in-18, contenant 2500 pages. **15 fr.**

— Id. *Code de commerce expliqué*. 10ᵉ édition, 1 vol. grand in-18, contenant 1140 pages. **10 fr.**

— Id. *Codes d'instruction criminelle et pénal expliqués* d'après les modifications introduites dans ces Codes. 4ᵉ édition, 2 vol. grand in-18. **15 fr.**

— Id. *Codes forestier, de la pêche et de la chasse expliqués*. 1 vol. gr. in-18. **8 fr.**

— Id. *Code de la chasse seul*. **4 fr.**

— Id. *Code politique français de 1788 à 1848*. 1 vol. grand in-18. **6 fr.**

ORTOLAN. — **Explication historique des Instituts de l'empereur Justinien**, avec le texte, la traduction en regard, et les explications sous chaque paragraphe, précédée de l'Histoire de la Législation romaine, depuis son origine jusqu'à la Législation moderne, et d'une généralisation du droit romain, d'après les textes anciennement connus ou plus récemment découverts, par M. ORTOLAN, professeur à la Faculté de droit de Paris; 6ᵉ édition, revue et considérablement augmentée. 3 forts vol. in-8. **22 fr. 50 c.**

ORTOLAN et BONNIER. — **Éléments d'organisation judiciaire, de procédure civile et de droit pénal**, par MM. ORTOLAN et BONNIER, professeurs à la Faculté de droit de Paris. 3 volumes in-8. **22 fr.**

On vend séparément :

Éléments d'organisation judiciaire, précédés d'une introduction sur la législation nouvelle, par M. BONNIER. 1 vol. in-8. **5 fr.**

Éléments de procédure civile, par LE MÊME. 1 fort vol. in-8. **9 fr.**

Éléments de droit pénal, par M. ORTOLAN. 2ᵉ édition. 1 fort vol. in-8. **12 fr.**

GROS. — **Réserve et succession des enfants naturels**, par GROS. 1 vol. in-8. **2 fr.**

RÉQUISITOIRES, PLAIDOYERS ET DISCOURS DE RENTRÉE prononcés par M. DUPIN, procureur général à la Cour de cassation, avec le texte des arrêts, depuis 1830 jusqu'en 1848 inclusivement. 11 vol. in-8°. **66 fr.**

PARIS. TYPOGRAPHIE DE HENRI PLON, IMPRIMEUR DE L'EMPEREUR, RUE GARANCIÈRE, 8.

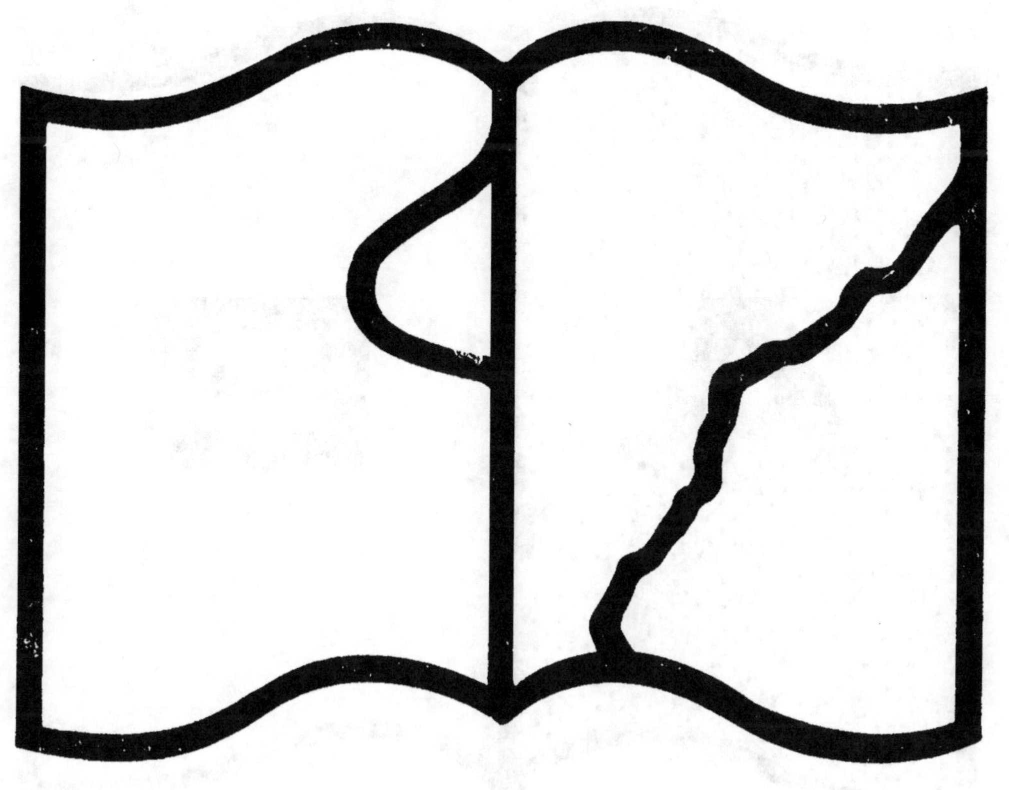

Texte détérioré — reliure défectueuse

NF Z 43-120-11

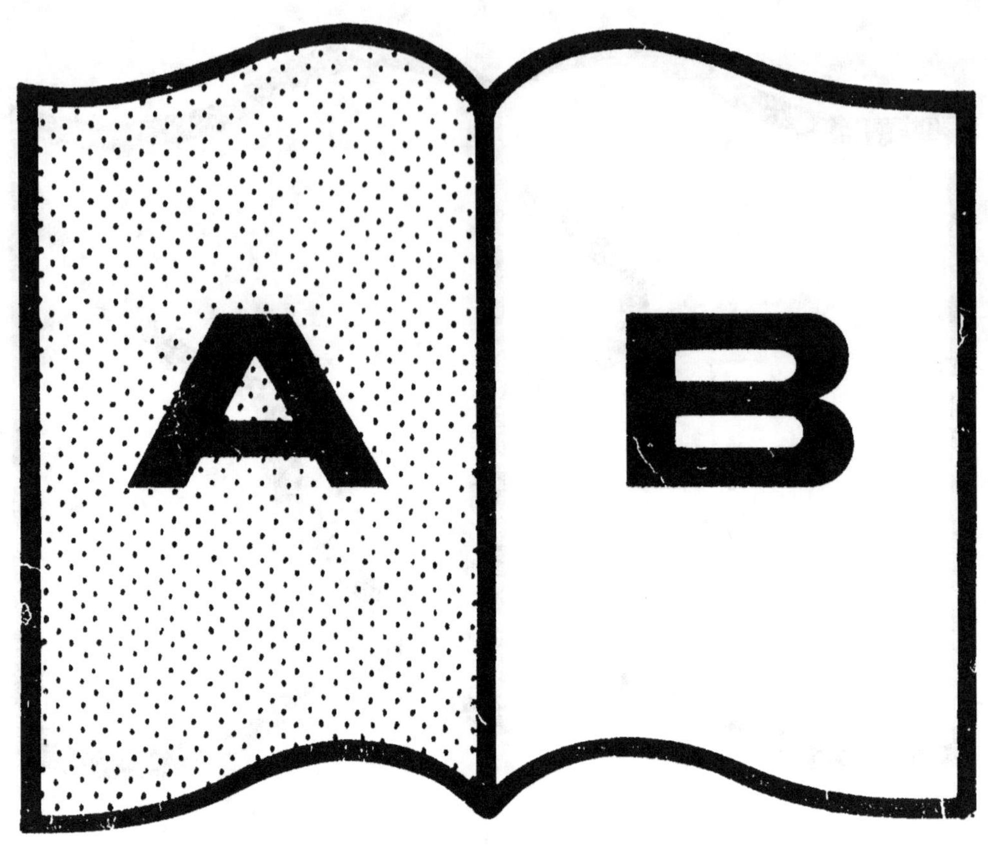

Contraste insuffisant

NF Z 43-120-14